Nicola de Paoli

Zu Fuß durch EDINBURGH

12 Spaziergänge

D

Zu Fuß durch EDINBURGH

DEACON BRODIE'S
TAVERN

Liebe Stadtverliebte,

über dieses Pflaster liefen **Königinnen und Rebellen,** Priester, Gelehrte und Künstler: Die Rede ist von Edinburgh, der schottischen Hauptstadt am Fördearm Firth of Forth. Einst siedelten keltische Stämme auf den Hügeln, die die Silhouette von Edinburgh formen. Später erlebte die schottische Königin Maria Stuart hier die glücklichsten und die dunkelsten Stunden ihrer Regentschaft.

Die strengen, hoch aufschießenden Fassaden in der mittelalterlichen Altstadt und die Geschichten von Grabräubern, Ganoven und Gespenstern haben sowohl Dichter als auch Romanautoren inspiriert. Edinburgh war weltweit die erste **UNESCO-Literaturstadt** und es gibt bis heute keine andere Stadt auf der Welt, deren Bahnhof nach einem Romanhelden benannt ist, so wie Waverley Station nach einem Buch von Sir Walter Scott.

Edinburgh ist das ganze Jahr über ein Besuchermagnet. Die Stadt ist bekannt für ihre **Festivals,** schönen Pubs und die inhabergeführten Restaurants und sie macht neuerdings als Produktionsort für Whisky und Gin von sich reden.

In Schottland heißt es: *Failte,* willkommen!

Ihre Nicola de Paoli

1

Start: Edinburgh Castle, Castlehill, Edinburgh EH1 2NG
Ziel: Holyrood Palace, Canongate, Edinburgh EH8 8DX
Länge: ca. 2 Kilometer
Dauer: ca. 1,5 Stunden
ÖPNV: Haltestelle Castle Terrace; am Ziel: Haltestelle Scottish Parliament
Parken: NCP Edinburgh Castle Terrace, Edinburgh EH1 2EW

UNTERWEGS ENTDECKT

1. Edinburgh Castle
2. Camera Obscura
3. Gladstone's Land (Museum)
4. St Giles' Cathedral
5. City Chambers (Rathaus)
6. Tron Kirk
7. Scottish Storytelling Centre
8. Ehemaliges Stadttor Netherbow
9. Moray House
10. Huntley House
11. The Old Tolbooth (Turmuhr)
12. Dunbar's Close
13. Scottish Parliament
14. Holyrood Palace

ESSEN + TRINKEN

Jolly Judge, 7 James Court, Edinburgh EH1 2PB, Tel. +44 (1 31) 2 25 28 31, www.jollyjudge.co.uk (urgemütlicher Pub und einstiger Treffpunkt der Anwälte und Richter)
Parliament Café, Scottish Parliament, Edinburgh EH99 1SP, www.parliament.scot (Besuchercafé des schottischen Parlaments)

AUF DER ROYAL MILE

Die historische Altstadt

Feuerschlucker an jeder Straßenecke, Gaukler, Musik! Der Festivalsommer von Edinburgh ist legendär. Doch die schottische Hauptstadt ist nicht nur in der Hauptsaison eine Reise wert. Das ganze Jahr über flanieren Besucher an den mittelalterlichen Fassaden der Royal Mile vorbei bis zum königlichen Palast. Wir stöbern auf unserer Tour durch die Andenkengeschäfte und lernen das moderne schottische Parlamentsgebäude kennen – Ausdruck des Wunsches vieler Schotten nach politischer Unabhängigkeit von England. Ohne Zweifel: Die Royal Mile hat einiges zu bieten!

Wir folgen dem Weg der schottischen Königinnen und Könige und beginnen unseren Spaziergang auf dem Vorplatz von 1 **Edinburgh Castle,** der unbestrittenen Nummer eins aller Sehenswürdigkeiten in der schottischen Hauptstadt. Doch schon auf dem Vorplatz bleiben wir das erste Mal stehen. Hier findet im Sommer das **Royal Military Tattoo** statt. Es versammelt die besten Militärkapellen der Welt. Bunte Lichtspiele tanzen dann über die Außenfassade der Burg. Der Vorplatz selbst wird von Fackeln erstrahlt,

Edinburgh Castle

Royal Military Tattoo

wenn die Musikerinnen und Musiker mit ihren feuerroten Uniformjacken und Bärenfellmützen auf dem Kopf einmarschieren. Den Höhepunkt am späteren Abend bildet ein Feuerwerk.

Wir schauen an den Burgwänden empor. Von der **Bastion Mill's Mount Battery** wird jeden Tag (außer Sonntag) um 13.00 Uhr aus der One O'Clock Gun ein Schuss abgefeuert, der weit über die Dächer der Stadt hallt. Nun gehen wir durch das Eingangstor und ins Burginnere hinein. Unser Weg führt über Kopfsteinpflaster stetig bergan und schon bald treffen wir auf eine Warteschlange. Um die schottischen Kronjuwelen zu sehen, müssen wir etwas Geduld mitbringen. Mehr durch einen Zufall entdecken wir im Anschluss auf dem Burggelände die **St Margaret's Chapel.** Die kleine weiße und weitgehend schmucklose Kapelle ist nach der schottischen Königin Margaret benannt, die im 11. Jahrhundert vor den politischen Unruhen in England nach Schottland floh und dort den schottischen König

Malcolm III. heiratete. Ihre neue Heimat kam ihr altmodisch und wenig fortschrittlich vor. Also begann sie, die schottische Gesellschaft, die Verwaltung und die Kirche gehörig umzukrempeln und zu modernisieren. Die Kapelle wurde vermutlich um das Jahr 1130 errichtet, das macht sie zum ältesten Gebäude Edinburghs.

Von Edinburgh Castle gehen wir die **Royal Mile** hinunter. Bis ins 19. Jahrhundert hinein fanden hier Festumzüge und Paraden für die Monarchen statt: In prachtvollem Ornat präsentierten sie sich ihrem Volk, das dicht gedrängt am Straßenrand stand. Münzen flogen durch die Luft, Gaukler und Flötenspieler tanzten und gingen dem Gefolge voran. So viel Aufwand brauchen wir nicht, uns macht es Spaß,

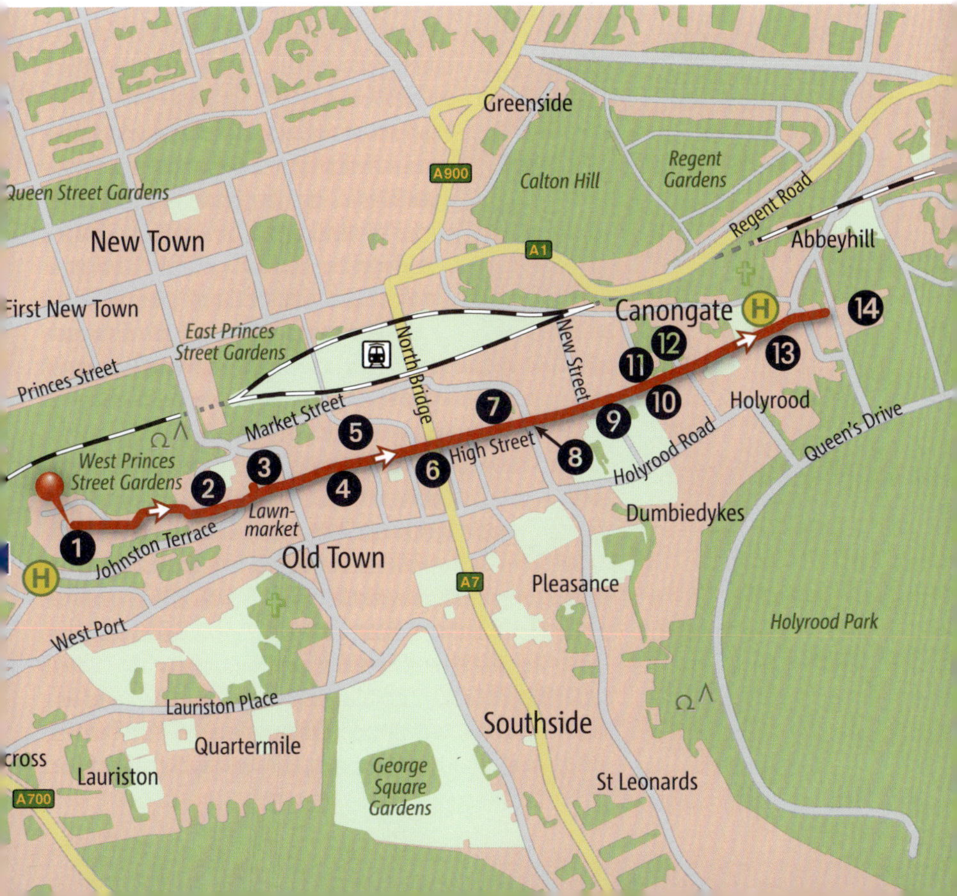

1 AUF DER ROYAL MILE

Camera Obscura

Gladstone's Land

einfach an den Auslagen zahlreicher **Whisky- und Andenkenläden** vorbeizuschlendern. Viele Geschäfte bieten Kleidung aus Tweedstoffen an, das erinnert uns an den berühmten Tweed von den Äußeren Hebrideninseln Harris und Lewis, der so legendär ist, dass sich selbst internationale Modehäuser darum reißen.

Gleich unterhalb des Vorplatzes befindet sich die Touristenattraktion ② **Camera Obscura.** Seit mehr als 150 Jahren präsentiert sie optische Täuschungen und Lichtspiele und der phänomenale Blick von der Dachterrasse über die Innenstadt lockt jedes Jahr viele Besucher an. Auf der rechten Straßenseite taucht zeitgleich eine Kirche in neugotischem Stil auf. Das ist das Veranstaltungszentrum **The Hub.** Hier laufen während des **Kultursommers** in der schottischen Hauptstadt alle Fäden zusammen, es ist Ticketverkaufsstelle, Anlaufstelle für Besucher und Künstler sowie Veranstaltungsort zugleich.

Auf unserem weiteren Weg fällt uns eine Besonderheit Edinburghs auf, die sogenannten **Closes,** jene engen, kaum schulterbreiten und oft lichtlosen Gänge, die von der Royal Mile wegführen. Es ist, als würde die Stadt Edinburgh an dieser Stelle ihr königliches Gewand abstreifen, wenn der Lärm der Royal Mile plötzlich verstummt und die strengen Fassaden aus Fensteraugen auf die Besucher hinunterstarren. Ein besonders schönes Beispiel liefert **James Court,** den wir nur wenige Meter hinter The Hub auf der linken Straßenseite entdecken. Wir gehen durch einen engen Gang und stehen am

anderen Ende in einem Hinterhof mitten in einer grünen Oase, umgeben von Dahlien und Herbstzeitlosen.

Direkt neben James Court liegt das Museum ③ **Gladstone's Land,** das von der schottischen Denkmalschutzbehörde National Trust verwaltet wird. Der Eingang erinnert mehr an ein Straßencafé als an ein Museum. Wir treten über die Schwelle, in der die Jahreszahl 1619 in Stein verewigt wurde. Das Haus ist benannt nach seinem damaligen Eigentümer Thomas Gladstone, der es im Jahr 1617 erwarb. In den folgenden Jahrzehnten lebten und arbeiteten hier Menschen aus der unteren und der gehobenen Mittelschicht – Whiskyhändler, Schuster oder Bäckermeister – und so gibt das Museum einen guten Einblick in das Leben im alten Edinburgh. Wir widerstehen der Versuchung von Schokoladenkuchen und Eiscreme im Erdgeschoss und steigen eine enge Treppe hinauf in den ersten Stock, wo einige Räume originalgetreu hergerichtet sind.

Jetzt stehen wir im Zentrum der Altstadt. Die vielstöckigen Wohnhäuser mit ihren grauen, schmucklosen Fassaden prägen ihren Charakter. Die steilen Felswände, Abbrüche und Klippen, auf denen die schottische Hauptstadt errichtet wurde, verhinderten, dass Edinburgh sich organisch ausbreiten und wachsen konnte, wie das beispielsweise in London möglich war. Den Bürgern blieb daher nichts anderes übrig, als in die Höhe zu bauen. Wenn wir nun die Straße hinunterschauen, sehen wir auf der linken Seite ein **Standbild** des schottischen Dichters und Philosophen **David Hume.** Dahinter schließt sich die ④ **St Giles' Cathedral** an, die Hauptkirche von Edinburgh im gotischen Stil mit ihrem markanten Turm und dem kunstvoll gestalteten Deckengewölbe im Inneren. Sie wurde im Jahr 1124 vom schottischen König David I. gegründet.

Kultursommer in Edinburgh

Vor der Kirche wurde ein herzförmiges Mosaik in den Gehweg eingelassen. Es besteht aus gefärbten Steinen und

St Giles' Cathedral

wird **Heart of Midlothian** genannt. An dieser Stelle befand sich einst ein Gefängnis, das von 1617 bis 1817 genutzt wurde und das für seine besonders schlimmen Haftbedingungen bekannt war. Es wurde schließlich abgerissen; das Mosaik soll an diese Zeit erinnern. Einem alten Brauch entsprechend brachte es Glück, auf das Muster zu spucken, um seine Abscheu gegenüber dem ehemaligen Gefängnis zu bekunden. Das geschieht heutzutage allerdings nicht mehr.

Mercat Cross

Wenige Meter von St Giles' Cathedral entfernt steht das **Mercat Cross.** Als an das Zeitalter von Telefon, Fernsehen und Internet noch nicht zu denken war, wurden hier die Ergebnisse der Parlamentswahlen für das Londoner Unterhaus verlesen. Heute ist jedermann schon durch die Schlagzeilen auf den Internetportalen der großen Tageszeitungen bestens informiert. Dennoch ist es immer wieder ein Spektakel, wenn sich die königlichen Herolde in ihren bunten Uniformen auf einer Plattform hoch über den Köpfen der umstehenden Zuschauer versammeln und mit lauter Stimme die Wahlergebnisse verkünden.

Die 5 **City Chambers** auf der anderen Straßenseite sind das Rathaus von Edinburgh. Bei der Fertigstellung im Jahr 1760 war es eher als Gilde für die Kaufleute der Stadt gedacht gewesen, doch diese bevorzugten ihren alten, weniger formellen Treffpunkt. Deswegen wurde das Gebäude später von der Stadt übernommen. In der 6 **Tron Kirk** auf der gegenüberliegenden Straßenseite findet öfter ein kleiner Kunsthandwerkermarkt statt. Traditionell trafen sich hier die Bewohner an Silvester, um auf das neue Jahr anzustoßen. Zur Linken führt die **Cockburn Street** bergab und beherbergt viele inhabergeführte Bekleidungsgeschäfte, Secondhandläden und Restaurants.

Tron Kirk

Unser Weg kreuzt nun die sogenannte **South Bridge.** Mit den Brücken in der Innenstadt hat es eine besondere Bewandtnis. Die Stadt Edinburgh wurde auf insgesamt sieben Vulkanhügeln gebaut. Um die Höhenlagen anzugleichen und um die Vulkankegel miteinander zu verbinden, wurden gewaltige Brücken errichtet. Der Straßenverlauf fällt nun nach Norden hin deutlich ab und in einiger Entfernung ist das blaue Wasser der Förde **Firth of Forth** zu sehen. Die Innenstadt mag zwar beengt wirken, doch der Blick von der Royal Mile in die Weite ist unbebaut und unverstellt. Unsere nächste Station ist das 7 **Scottish Storytelling Centre.** Das Literaturzentrum hat sich der Pflege des traditionellen schottischen Geschichtenerzählens und der Pflege der gälischen Sprache verschrieben. Dort finden Kulturveranstaltungen, Lesungen und Konzerte statt. Vor allem aber wird im Café das schottische Nationalgericht Haggis serviert, ein mit Innereien und Haferflocken gefüllter Schafsmagen.

Nun kommen wir in den Stadtteil Canongate und an eine ganz besondere Stelle: Auf der Hauptstraße High Street, Ecke Jeffrey Street liegt eingelassen in den Boden ein stili-

Pub The World's End

siertes Symbol aus Bronze, das an das 8 **ehemalige Stadttor Netherbow** aus dem Jahr 1513 erinnert. Für viele frühere Einwohner von Edinburgh markierte dieses Tor den Radius, in dem sie sich tagtäglich bewegten. Nur durch die Stadttore konnten die Menschen Edinburgh verlassen oder in die Stadt kommen, um ihre Waren zu verkaufen. Doch im ausgehenden Mittelalter wuchs Edinburgh über seine engen Grenzen hinaus. Die umliegenden Dörfer und Gemeinden wurden eingemeindet. Edinburghs Stadtgrenze verschob sich und die alten Stadttore verloren ihre Funktion. Das Stadttor Netherbow wurde im Jahr 1764 abgerissen, weil es den Verkehrsfluss zu sehr behinderte. An derselben Straßenecke befindet sich heutzutage der Pub **The World's End.** Er trägt seinen Namen nicht, um das Ende der Welt heraufzubeschwören, sondern um an jene Zeit zu erinnern, als Edinburgh für seine Bewohner die Welt bedeutete.

An dieser Stelle verlassen wir den mittelalterlichen Ortskern von Edinburgh und gelangen ins Canongate, ein ehemals unabhängiges Dorf, das im Jahr 1128 vom schottischen König David I. gegründet wurde und das natürlich längst eingemeindet ist. Wir gehen langsam die Straße hinunter und schauen an den Häuserfassaden aus dem 16. und 17. Jahrhundert empor. Auf der Höhe der New Street befindet sich die Gasse **Old Playhouse Close.** Sie führte die Theaterbesucher zu einer der ersten Bühnen der schottischen Hauptstadt aus dem Jahr 1746. Es bestand nur 40 Jahre, doch viele damals bekannte Künstler feierten dort ihre Erfolge vor dem schottischen Publikum. An der Fassade mit der Hausnummer 197 fällt uns ein Siegel, bestehend aus einer Krone und einem Messer mit halbmondförmiger Scheide, auf. Dies war einst der Sitz der Schustergilde und das Messer stellt das Werkzeug der Schuhmacher dar, mit dem sie Leder entzweischnitten. Als unabhängige Gemeinde hatte Canongate seine eigenen Gilden, acht Stück an der Zahl.

Nach wenigen Metern erreichen wir das Haus mit der Nummer 174, eine der damaligen besten Adressen des Canongate: 9 **Moray House,** das ehemalige Hauptquartier vom englischen Heerführer Oliver Cromwell in Schottland.

Das Gebäude stammt aus dem Jahr 1625 und dient heute als Fortbildungseinrichtung für künftige Lehrkräfte. Es lässt sich kaum erahnen, dass dies das geschichtsträchtige Gelände ist, wo der sogenannte **Act of Union** letztendlich unterzeichnet wurde, das Dokument, mit dem sich Schottland und England im Jahr 1707 zu einem Königreich zusammenschlossen.

Nach wenigen Metern gelangen wir zu einem der schönsten Gebäude der Altstadt, dem **10 Huntley House,** das zu einer Gruppe von dreistöckigen Wohnhäusern aus dem 16. und 17. Jahrhundert gehört, die einen Innenhof umgeben. An der leuchtend gelben Außenfassade ist ein Spruch in lateinischer Sprache angebracht: „Anti Qua Tamen Juven Esco" – was so viel bedeutet wie: „Trotz meines Alters werde ich jünger". Ein schönes Motto, finden wir. Das Haus hatte im Laufe seiner Geschichte verschiedene Funktionen als Adelssitz, Mietskaserne und Treffpunkt der Gilde der metallverarbeitenden Berufe. Nun ist dort das **Museum of Edinburgh** eingezogen. Wir gehen hinein und

Canongate Kirk

schauen uns archäologische Fundstücke aus der Zeit der alten Römer, wichtige Dokumente und Töpferwaren aus dem 18. Jahrhundert an.

Schräg gegenüber auf der anderen Straßenseite steht ⑪ **The Old Tolbooth** aus dem Jahr 1591. Die markante Turmuhr stammt allerdings aus dem 19. Jahrhundert. Als größtes öffentliches Bauwerk von Canongate symbolisierte sie jahrhundertelang die Unabhängigkeit der Ortschaft vom dominierenden Edinburgh. Etwas zurückgesetzt ist die **Canongate Kirk** zu sehen. Sie stammt aus dem 16. Jahrhundert und fällt durch ihre in markantem Rot gestrichenen Türen auf. Auf dem Friedhof haben viele bekannte Bürger der Stadt ihre letzte Ruhe gefunden, darunter der Philosoph und Mathematiker Adam Smith (1723–1790), ein bedeutender Vertreter der Schottischen Aufklärung. Auf der linken Straßenseite werfen wir nun einen Blick in die kleine Gasse ⑫ **Dunbar's Close.** Dahinter liegt verborgen ein Garten, der einem für Schottland typischen *walled garden* (auf Deutsch: ummauerter Garten) aus dem 17. Jahrhundert nachempfunden ist. Die schottischen Gärtner fürchten nämlich nichts so sehr wie den scharfen Wind, der gerne um die Ecken pfeift. Früher hatten daher viele der umliegenden Häuser auf der Royal Mile durch hohe Mauern vom Wind geschützte Gärten. In Dunbar's Close ist auf diese Weise mitten in der Altstadt eine kleine grüne Oase entstanden. Die Schottersteine knirschen unter unseren Füßen, als wir an den niedrigen Buchsbaumhecken entlanggehen. Spaliere sind als Sichtschutz aufgestellt und schaffen verschwiegene Ecken. Über uns wölbt sich ein Blätterdach, das alte Bäume für uns errichtet haben.

Scottish Parliament

Wir kommen nun zum Ende unseres Spazierganges. Vor uns liegt das moderne Gebäude des 13 **Scottish Parliament.** Das moderne Design hebt sich deutlich von der mittelalterlichen Altstadt ab und sorgte seinerzeit für viele Kontroversen. Der Entwurf stammt von dem katalanischen Architekten Enric Miralles. Wir schließen uns einer Führung durch das Parlament an. Das Foyer macht einen etwas düsteren Eindruck mit seiner tief hängenden Decke und den grauen Betonwän-

DIE SCHOTTISCHE UNABHÄNGIGKEIT

Das Parlamentsgebäude erinnert daran, dass es in Schottland eine starke Unabhängigkeitsbewegung gibt. Die britische Regierung hatte im Jahr 1999 eigentlich gehofft, der erstarkenden Nationalistenbewegung mit der Eröffnung eines Regionalparlaments den Wind aus den Segeln zu nehmen. Doch das Gegenteil war der Fall. Die Nationalistenpartei Scottish National Party (SNP) gewann im Anschluss an Zuspruch und wurde zur stärksten politischen Kraft im Land. Sie hat sich vor allem dem Ziel verschrieben, Schottland in die Unabhängigkeit zu führen und aus dem Vereinten Königreich herauszulösen. Im Jahr 2014 fand eine viel beachtete Volksbefragung statt, in der sich allerdings eine knappe Mehrheit der Wähler für einen Verbleib im Vereinten Königreich entschied. Nach dem Brexit war die Forderung nach Unabhängigkeit in der Bevölkerung wieder lauter geworden. Die Schotten gelten als europafreundlich und wollten mehrheitlich nicht aus der EU austreten.

Holyrood Palace

den. Auch wenn das Äußere und das Innere des Parlaments nicht jedermann gefallen, so wird es doch als Ort der Begegnung verstanden. Wir sehen den Plenarsaal, in dem die Abgeordneten über Themen wie Gesundheits- oder Bildungspolitik diskutieren. Andere Themen hingegen, wie beispielsweise die Außenpolitik, bleiben der Regierung in London vorbehalten. Das Verhältnis der Schotten zu den Engländern ist eben ganz schön kompliziert.

Direkt gegenüber auf der anderen Straßenseite befindet sich der 14 **Holyrood Palace,** die schottische Antwort auf Buckingham Palace in London. Auf dem Palastgelände steht die **Ruine von Holyrood Abbey,** einer ehemaligen Augustinerabtei aus dem 12. Jahrhundert. Da Holyrood Palace zeitweise von den Royals genutzt wird, ist es ratsam, sich vor einem Besuch nach den Öffnungszeiten zu erkundigen. Wir beschränken uns aber heute darauf, den Palast von außen anzusehen, denn wir haben im Parlament ein Café entdeckt. Bei Tagessuppe und einer Tasse Tee lassen wir den Spaziergang mit Blick auf den königlichen Palast ausklingen.

2

Start: Holyrood Park, Queen's Drive, Edinburgh EH8 8HG
Ziel: Craigmillar Castle, Craigmillar Castle Road, Edinburgh EH16 4SY
Länge: ca. 6 Kilometer
Dauer: ca. 3 Stunden
ÖPNV: Haltestelle Scottish Parliament; am Ziel: Haltestelle Craigmillar Castle Road
Parken: Holyrood Car Park, Edinburgh EH8 8AZ, oder Parkplatz am Duddingston Loch, Duddingston Low Road, Edinburgh EH15 3PY

UNTERWEGS ENTDECKT

1. Holyrood Abbey
2. Holyrood Palace
3. Scottish Parliament
4. Holyrood Park
5. Arthur's Seat
6. Duddingston Village
7. Duddingston Kirk
8. Dr Neil's Garden
9. Craigmillar Castle Park
10. Craigmillar Castle

ESSEN + TRINKEN

Sheep Heid Inn, 43–45 The Causeway, Edinburgh EH15 3QA, Tel. +44 (1 31) 6 61 79 74, www.thesheepheidedinburgh.co.uk (Traditionspub)

DUDDINGSTON & ARTHUR'S SEAT

Wandern auf Vulkanen

Holyrood Park ist ein Naherholungs- und Naturschutzgebiet, der dortige Gipfel Arthur's Seat spiegelt die Geschichte der schottischen Hauptstadt wider und gewährt Einblicke in die Entstehung unserer Erde. Hier versammelten sich Revolutionäre, Priester und Forscher. Der Weg endet in den blühenden Gärten des Dorfes Duddingston. In einem malerischen Traditionspub ist es Zeit für eine Pause, bevor die letzte Etappe zur Burgruine von Craigmillar Castle führt, dem Zufluchtsort der legendären schottischen Königin Maria Stuart.

Wir beginnen unseren heutigen Spaziergang an der wohl größten Grünfläche von Edinburgh: **Holyrood Park** markiert das nördliche Ende der Altstadt just an der Stelle, wo die Geschichte und die politische Gegenwart der schottischen Hauptstadt eng beieinanderliegen: Auf der einen Straßenseite befindet sich das moderne schottische Parlamentsgebäude, auf der anderen Straßenseite liegt der mittelalterliche Palast der Royals.

Einst ging der schottische König David I. (1084–1153) in den umliegenden Hügeln von Edinburgh auf die Jagd, als ihm ein weißer Hirsch begegnete. Dieser senkte sein Ge-

Holyrood Abbey

Holyrood Palace

weih und stürmte auf den König zu. Um sich zu verteidigen, riss David die Hände nach oben und schlug ein Kreuz (engl. *rood)* vor dem Tier. Daraufhin verschwand der Hirsch und wurde nicht mehr gesehen. Zum Dank für seine Rettung gründete David im Jahr 1128 das Augustinerkloster 1 **Holyrood Abbey,** das heutzutage verborgen hinter hohen Mauern liegt und von der Straße aus kaum zu sehen ist. Doch im Mittelalter wurde die Klosteranlage schon bald zum Zentrum einer kleinen Siedlung, die über Jahrhunderte hinweg ihre Eigenständigkeit bewahrte. Das dazugehörende Dorf Canongate wurde erst um das Jahr 1800 von Edinburgh eingemeindet.

Von Anfang an wurde Holyrood Abbey auch für säkulare Aufgaben genutzt, Besucher gingen ein und aus und schließlich entstand auf dem Klostergelände ein Gästehaus. In der Folgezeit wurde der politische Einfluss Edinburghs immer bedeutsamer und aus dem bescheidenen Gästehaus wurde der 2 **Holyrood Palace,** in dem die wohl bekannteste Königin Maria Stuart lebte. Der Palast ist für Besucher geöffnet, weist aber eine Besonderheit auf, denn die Räume werden noch immer von den Royals genutzt. Wann immer King Charles III., Queen Camilla, William oder Kate nach Edinburgh kommen, brauchen sie kein Hotelzimmer.

Direkt gegenüber vom Haupteingang des Palasts liegt das ultramoderne Gebäude des 3 **Scottish Parliament,** das von oben seiner Form nach an einen Blätterhaufen erinnert. Es sollte sich nach den Vorstellungen des Architekten Enric Miralles in die umgebende Landschaft des Parks einfügen. Das Parlament ist für Besucher geöffnet und nach unserem kurzen Abstecher hinter die Kulissen des schottischen politischen Tagesgeschäfts überqueren wir die Straße und gehen in den 4 **Holyrood Park** hinein, der vom Parlament aus zu sehen ist. Dort formen Felsabbrüche, Teiche

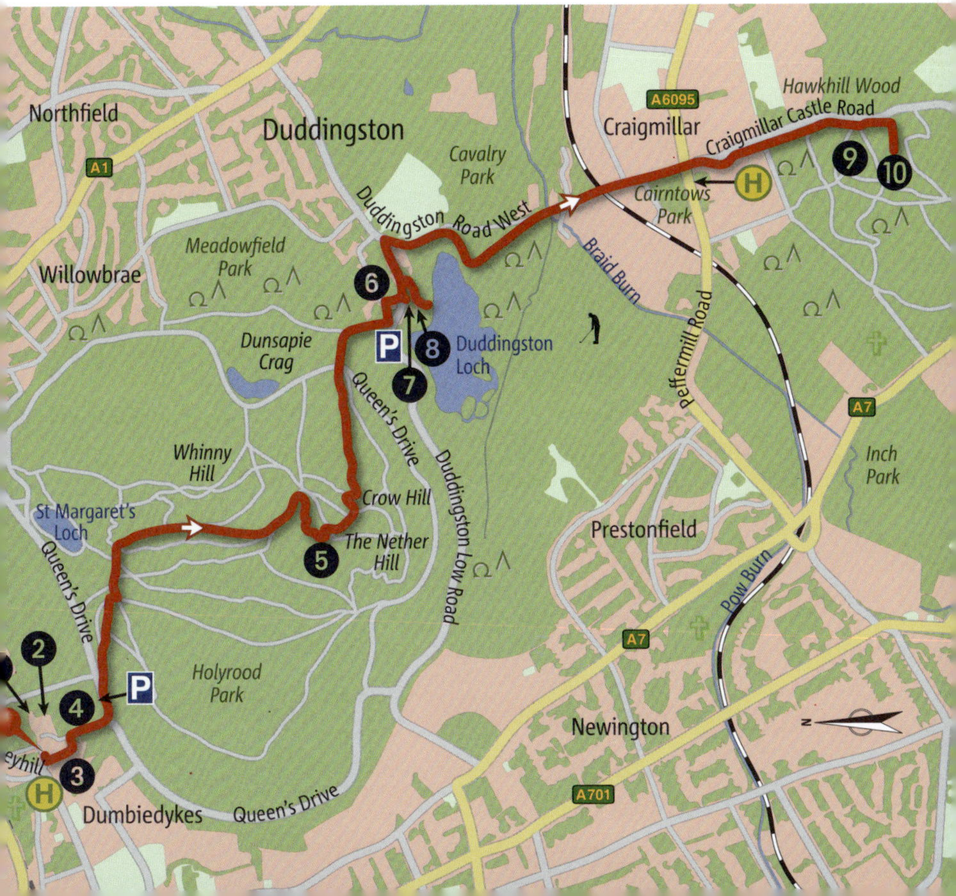

und naturbelassene Wiesen ein einzigartiges Ökosystem; die Heimat für einige ansonsten vom Aussterben bedrohte Tier- und Pflanzenarten. Im Sommer tanzen bunte Schmetterlinge über den Hängen, langstielige Gräser wiegen sich im Wind und bilden Schatten in allen Farbnuancen, die wie sanfte Wellen durch den Park rollen. Ein kostenfreies Besucherzentrum am westlichen Ende des Besucherparkplatzes informiert über die Tier- und Pflanzenwelt und über Holyrood Park als Landschafts- und Naturschutzgebiet.

Unterhalb des Gipfels von Arthur's Seat wurden vier **Siedlungsanlagen** aus der Bronze- und Eisenzeit nachgewiesen, die auf den ersten Blick kaum auszumachen sind. Jogger und Spaziergänger gehen an den aneinandergereihten Steinen vorbei, ohne diese frühen Fundamente als solche zu erkennen. Mit geübtem Auge sind allerdings die terrassenförmig angelegten ehemaligen Anbauflächen an der Ostflanke des Berges auszumachen, die für den Getreideanbau genutzt wurden. Die Hauptsehenswürdigkeit der

Aufstieg zum Arthur's Seat

Blick auf Calton Hill

Parkanlage ist zweifellos der Stadtberg selbst, 5 **Arthur's Seat.** Er bestimmt die Silhouette von Edinburgh. Es handelt sich dabei um einen 251 Meter hohen Felsklotz aus Basalt und Sandstein, eingefasst vom Parkgelände. Arthur's Seat ist ein Wahrzeichen der schottischen Hauptstadt und ein beliebtes Ausflugsziel. Ein umfangreiches Wegenetz zieht sich durch den Park. Der Weg kann allerdings uneben sein, sodass wir uns für festes Schuhwerk entschieden haben.

Bei gutem Wetter und klarer Sicht lassen sich im blauen Dunst die **Highlands** erahnen. Ein Spaziergang durch Holy-

DIE GEOLOGIE VON ARTHUR'S SEAT

Der Geologe James Hutton (1726–1797) gilt als der Gründungsvater der modernen Geologie und der Abschnitt Hutton's Section unterhalb von Arthur's Seat half ihm, seine wissenschaftlichen Theorien zu belegen: An den dortigen Hängen sind Vulkangestein sowie Sedimentablagerungen zu sehen. Dies bestätigte seine Theorie, dass die Erde eben nicht, wie in der Bibel beschrieben, an 7 Tagen erschaffen worden war, sondern dass vielmehr in vielen Jahrmillionen Steine und Geröll abgeladen wurden. An der Südflanke des Arthur's Seat liegt eine weitere geologische Besonderheit: aufrecht stehende Steinsäulen, die Samson's Ribs (auf Deutsch: Samsons Rippen) genannt werden.

St Anthony's Chapel

rood Park ist aber auch eine Reise durch die Erdgeschichte. Die Wanderer laufen auf dem Arthur's Seat auf erkalteten, rund 340 Millionen Jahre alten Lavaströmen. Bei einem Blick auf die Karte fällt auf, dass Arthur's Seat nach Osten hin abflacht, was an den Lavaströmen liegt, die in dieser Richtung abflossen. Das harte Lavagestein und das weichere Gestein, das sich aus dem Ascheregen bildete, formten die Landschaft.

Unser nächstes Ziel ist der Gipfel. Es geht bergauf und schon nach wenigen Minuten ist von dem Trubel der Innenstadt nicht mehr viel zu hören. Auf einer Anhöhe ist zunächst die kleine Ruine der mittelalterlichen **St Anthony's Chapel** zu sehen, eingerahmt von dem für Schottland typischen Stachelginster Gorse. Die Blüten duften nach Honig und Kokos und ihre gelbe Farbe wirkt auf unseren Fotos wie ein leuchtender Rahmen, der die Stadt Edinburgh zu unseren Füßen, die Mündung des Firth of

Forth sowie das grüne Ufer der Grafschaft Fife auf der anderen Seite des Fördearms in Szene setzt.

Nach wenigen Metern teilt sich der Weg und wir folgen dem Hinweisschild zum Gipfel. Ansonsten sind die Wege im Park wenig ausgeschildert. Der Weg zum Gipfel lässt sich dennoch kaum verfehlen, denn er ist zu weiten Teilen mit breiten, grob gehauenen Treppenstufen markiert, die den Aufstieg erleichtern. Bis ganz nach oben brauchen wir rund eine halbe Stunde. In Richtung Osten ist nach kurzer Zeit die Küste von **East Lothian** zu sehen. Diese Region ist bekannt für ihre weißen, unberührten Sandstrände. Da das Wetter in Schottland meist mit Regen und Wind aus Westen kommt, hat East Lothian auch beträchtlich mehr Sonnenstunden als die Westküste. Deutlich zeichnen sich gegen den Horizont die spitz zulaufenden Kegel **erloschener Vulkane** ab.

Endlich haben wir es geschafft. Kleine Gruppen von Wanderern lassen sich auf den umliegenden Steinen nieder, genießen die Aussicht oder warten geduldig in der Schlan-

Abstieg in Richtung Duddingston

ge, bis sie an der Reihe sind, um am Gipfelpunkt ein Selfie zu machen. Vor uns liegt nun der Panoramablick über Edinburgh. Besonders markant sind Edinburgh Castle, das Gebäude des schottischen Parlaments sowie Calton Hill. Gut erkennbar ist Old Observatory House, die alte Sternwarte von Edinburgh aus dem Jahr 1776. Statt der Gipfeltour gibt es eine Alternative für Spaziergänger, die Arthur's Seat erleben, dafür aber nicht über Steine gehen oder bergauf wandern wollen. Diese Tour führt ohne Steigungen über eine asphaltierte Strecke namens Queen's Drive einmal um den Berg herum und ist, je nach Gehgeschwindigkeit, in einem Zeitraum von 1,5 bis 2 Stunden gut zu schaffen. Sie beginnt auf dem kleinen Parkplatz am Teich St Margaret's Loch, wo Schwäne majestätisch Bahnen ziehen. Da einem hier kaum Autos begegnen, ist die Strecke auch zum Radfahren und für Hunde gut geeignet.

Duddingston Loch

Duddingston Village

Für die nächste Etappe unserer Tour wenden wir uns nach Osten. Vom Gipfel aus ist dort ein Plateau zu erkennen, das von zwei kleineren Hügeln, dem Crow Hill und dem Nether Hill, geformt wird. Wir verlassen den Gipfel in östlicher Richtung und wählen einen der zahlreichen Pfade, die bergabwärts führen. Diese sind nicht ausgeschildert, aber eine gute Orientierung bietet die blaue Wasseroberfläche von **Duddingston Loch.** Wir überqueren die asphaltierte Oberfläche von Queen's Drive und stehen bald darauf vor einer Gedächtnisbank, von der aus Treppen hinunter ins 6 **Duddingston Village** führen. Das Dorf ist seit dem 12. Jahrhundert besiedelt, als Weber die angelieferte Schafwolle auf ihren Webstühlen zu feinen Stoffen verarbeiteten. Wer nun eine Verschnaufpause braucht, findet in diesem Ort den schönen Traditionspub **Sheep Heid Inn.** Einst trafen sich dort die Viehhändler, bevor sie ihre Schafe auf den Markt in der Hauptstadt trieben. Die Inneneinrichtung dürfte sich seitdem wenig verändert haben; sie ist urig und gemütlich und an den holzvertäfelten Wänden hängen

Erinnerungsstücke aus längst vergangenen Zeiten. Im hinteren Teil des Pubs gibt es eine alte Kegelbahn.

Duddingston leitet seinen heutigen Namen vom französisch-normannischen Ritter und Gründungsvater Dodin de Dodinestun ab. Im Jahr 1066 waren die Normannen mit ihrem Anführer Wilhelm dem Eroberer von Frankreich aus über den Ärmelkanal übergesetzt und hatten England besetzt. In den Folgejahren entstanden im ganzen Land Burgen und Schlösser im normannischen Stil. Diese Architektur lässt sich auch an den Torbögen der 7 **Duddingston Kirk** entdecken. Sie stammt aus dem 12. Jahrhundert und ist damit eine der ältesten Kirchen Schottlands, die noch in Nutzung ist. Die Inneneinrichtung hingegen ist aus heutiger Zeit.

Direkt neben der Kirche befindet sich ein sehenswerter, preisgekrönter Garten – ein Ort der Ruhe und Entspannung, wo wir die Seele baumeln lassen: 8 **Dr Neil's Garden.** Wir gehen an Magnolien und Rosen, Skulpturen und farbenfrohen Blumenrabatten vorbei, genießen die Stille und schnuppern an einzelnen Blüten. Rhododendronpflanzen setzen Farbakzente und die Nähe zum Wasser übt einen zusätzlichen Reiz aus. Der Garten geht auf die Privat-

Duddingston Kirk

Dr Neil's Garden

Craigmillar Castle

initiative von Nancy und Andrew Neil zurück. Das Ehepaar Neil betrieb eine Praxis für Allgemeinmedizin in Edinburgh und war von der heilsamen Wirkung von Gartenarbeit und ländlicher Stille überzeugt. Zum Gelände gehört außerdem der **Thomson's Tower,** benannt nach dem Geistlichen und Kunstmaler John Thomson. Er wurde im Jahr 1825 vom bekannten schottischen Architekten William Henry Playfair entworfen. Die Ausführung bezahlte der örtliche Curlingclub, der dort seine Curlingsteine verwahrte. Zeitweise wurde der Raum auch als Künstleratelier genutzt.

Am Ende unseres Spaziergangs treten wir durch das hohe Eisentor wieder auf die Straße Old Church Lane und biegen nach rechts ab, bis wir nach wenigen Metern auf die Hauptverkehrsstraße **Duddingston Road West** stoßen. Hier beginnt nun die letzte Etappe unseres Ausflugs und wir erspähen bereits ein Hinweisschild zu unserem nächsten Ziel: der Burgruine Craigmillar Castle, die rund 1,6 Kilometer entfernt liegt. Dieser Abschnitt der Tour ist der am wenigsten malerische. Doch für die Möglichkeit, mitten in Edinburgh eine mittelalterliche Burgruine zu sehen, nehmen wir den Autoverkehr in Kauf. Wir folgen unbeirrt dem Verlauf der Straße und kommen dabei am Portobello Rugby and Football Club sowie am Duddingston Golf Club vorbei, die sich beide zu unserer Linken befinden. Dann kreuzt die A 6095, die in diesem Ortsabschnitt Peffermill Road heißt. Nach wenigen Minuten liegt der 9 **Craigmillar Castle Park** vor uns. Den Eingang zum Park können wir gar nicht verfehlen, weil wir auf der rechten Seite des Bürgersteigs gehen, die quasi direkt in ein Waldstück mündet.

Der Park ist das örtliche Naherholungsgebiet mit zahlreichen Spazierwegen, Kinderspielplätzen und Schrebergartenanlagen. Wir stellen uns den Park und die Burg als Einheit vor und es braucht nicht viel Fantasie, um sich auszumalen, wie sich die schottische Königin Maria Stuart mit ihren Hofdamen von unserem Ausgangspunkt der Wanderung, Hollyrood Palace, im Jahr 1566 aufmachte, um die Innenstadt von Edinburgh zu verlassen und nach einem für sie schlechten Jahr in 10 **Craigmillar Castle** Zuflucht zu finden. Wir folgen dem Weg, halten uns rechts und können nach wenigen Metern bereits die Burgruine sehen, die auf einer Anhöhe vor uns liegt. Die Burg zählt zu den am besten erhaltenen historischen Gebäuden in Schottland und war mehr als 300 Jahre lang in Nutzung. Wann genau mit dem Bau begonnen wurde, ist allerdings unklar. Trotz ihrer Nähe zu Edinburgh wurde die Burg nie eingemeindet. Sie ist von hohen Schutzmauern mit Schießscharten umgeben. Letztere waren möglicherweise ein Grund dafür, dass sich Maria Stuart für Craigmillar Castle als Zufluchtsort entschied, denn ihre Regentschaft war nie sehr sicher. Der damalige Burgherr Sir Simon war einer ihrer glühendsten Anhänger und nahm sie als Gast bei sich auf. Wir kaufen eine Eintrittskarte und schauen uns die große Halle im ersten Stock an, den zentralen Raum in der Burg.

Nach unserem Rundgang durch die Burg gehen wir auf dem gleichen Weg zurück, bis wir wieder an der **Peffermill Road** stehen. Kurz hinter der Kreuzung befindet sich zur linken Hand eine Haltestelle für den Bus Nummer 12.

3

Start/Ziel: Statue Queen Victoria, 1 Duke Street, Edinburgh EH6 6AE
Länge: ca. 4,5 Kilometer
Dauer: ca. 2 Stunden
ÖPNV: Haltestelle Foot of the Walk
Parken: Ocean Terminal Car Park, Ocean Drive, Edinburgh EH6 6JJ

UNTERWEGS ENTDECKT

1. Trinity House
2. Leith Exchange
3. Corn Exchange
4. The Shore
5. The Signal Tower
6. Ocean Terminal (Einkaufszentrum)
7. The Royal Yacht Britannia
8. The Port of Leith Distillery (Whiskybrennerei)
9. Water of Leith Walkway

ESSEN + TRINKEN

Britiannia Spice, 150 Commercial Street, Edinburgh EH6 6LB, Tel. +44 (1 31) 5 55 22 55, www.thebritanniaspice.co.uk (indisches Restaurant)
The Shore, 3 Shore, Edinburgh EH6 6QW, Tel. +44 (1 31) 5 53 50 80, www.fishersrestaurants.co.uk (gemütliches Restaurant mit stilvoller Einrichtung)

DAS HAFENVIERTEL LEITH

Maritimes Edinburgh

Die Möwen umkreisen die Hafenmole und der Geruch von Salzwasser liegt in der Luft: Wenig bekannt ist, dass Edinburgh eine maritime Seite hat – und seit dem Mittelalter einen florierenden Hafen, der Güter und Waren aus der ganzen Welt nach Schottland brachte. Die Vergangenheit von Leith als eigenständige Stadt, Verteidigungsposten und Handelshafen findet ihren Widerhall in den Lagerhallen aus rotem Backstein und in edlen Handelshäusern. Leith selbst ist längst zu neuen Ufern aufgebrochen, als quirliger Stadtteil mit einem großen Angebot an erstklassigen Restaurants und Bars.

Unsere Tour beginnt an der **Statue Queen Victoria,** wo der Leith Walk nahtlos ins **Newkirkgate Shopping Centre** übergeht. Wir schlendern durch die Einkaufsstraße mit Geschäften und Bankfilialen. Etwas abseits und wie seit Jahrhunderten vergessen liegt 1 **Trinity House,** einstiger Treffpunkt der Kapitäne und Kaufleute. Die klassizistische Fassade bildet einen Kontrast zu den modernen Shoppingangeboten und wirkt auf uns wie aus der Zeit gefallen. Die alte Hafenmeisterei erinnert an die glanzvolle Epoche der schottischen Seefahrt. Das Haus stammt aus dem Jahr 1816 und ist voller Erinnerungsstücke aus der Zeit, als es hieß: „Britannia rule the waves." In dem herrschaftlichen Gebäude trafen sich Kaufleute und Schiffseigner, um Geschäfte zu machen, die neuesten Nachrichten zu hören und vor allem um zu beraten, wie ihre Gilde noch einflussreicher werden könnte. Trinity House hat wechselnde Öffnungszeiten und ist zeitweise ganz für die Öffentlichkeit geschlossen. Auch wir haben an diesem Tag leider kein Glück.

Statue Queen Victoria

3 DAS HAFENVIERTEL LEITH

Trinity House

An der gegenüberliegenden Kirche biegen wir rechts ein und stoßen nach wenigen Metern auf die **Constitution Street,** der wir nach links folgen. Hier war das einstige kommerzielle Zentrum. Die erste urkundliche Erwähnung von Leith stammt aus dem Jahr 1143. Zucker, Holz und Whisky – es gab wohl nur wenige Güter, die nicht in Leith angelandet oder verschifft wurden. Die **Mitchell Street** führt rechts von der Constitution Street ab. In der Hausnummer 5 befindet sich das ehemalige Zentrum der Händler und Kaufleute mit der **2 Leith Exchange.** Das Gebäude diente verschiedenen Zwecken. Es war nicht nur ein Treffpunkt für Kaufleute, sondern bot auch einen Lesesaal, den Versammlungsraum **Assembly Rooms** und eine Taverne sowie Geschäftsräume. 1788 wurde dieser Veranstaltungsort für 16.000 Pfund errichtet; ein lang gestrecktes Gebäude mit drei Stockwerken, das im Grundriss die Form eines T hat. Die Vorderseite wirkt wie ein Palast. Sie betont das Selbstbewusstsein, das die Geschäftsleute von Leith zur Schau stellten. Die glorreichen Zeiten sind allerdings lange vorbei und die Assembly Rooms wurden in Büros und Wohnungen umgewandelt.

Wir gehen weiter die Constitution Street entlang. An der Straßenecke zur Baltic Street befindet sich die 3 **Corn Exchange,** eines der wichtigsten und berühmtesten Gebäude in Leith. Es bildet das östliche Tor zum historischen Zentrum und steht unter Denkmalschutz. Das 1861 ursprünglich als Markthalle errichtete Gebäude hatte im Laufe seiner Geschichte eine Vielzahl von Funktionen und wird inzwischen als Bürogebäude genutzt. Wir folgen dem Verlauf der Bernard Street, benannt nach Bernard Lindsay, dem Kammerdiener von James VI. Der König war für die Dienste so dankbar, dass er seinem Diener an dieser Stelle ein Stück Land vermachte. Die kleine Seitenstraße Timber Bush er-

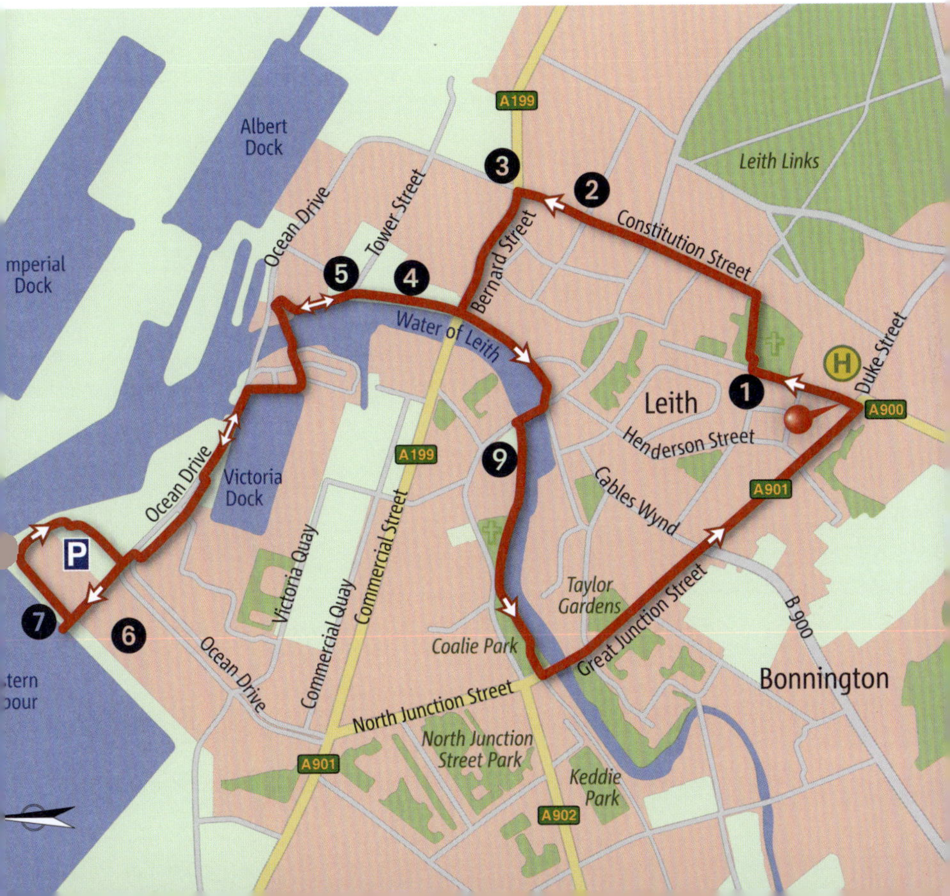

Hafenbecken von Leith

hielt ihren Namen von dem ehemaligen Holzmarkt, der hier abgehalten wurde. Ab dem 16. Jahrhundert wurde aus den baltischen Staaten Holz nach Schottland importiert. Das Wort *bush* leitet sich aus dem französischen *bourse* für „Börse" ab.

Schon bald stehen wir an einem Wasserlauf, der wie ein Kanal aussieht. Tatsächlich haben wir die Mündung des Flüsschens **Water of Leith** erreicht, das an dieser Stelle in den Firth of Forth fließt. Seit dem Jahr 1329 ist Leith ganz offiziell der Hafen von Edinburgh. Die Gegend 4 **The Shore** ist das Zentrum des touristischen Leiths. Unweit der Straßenecke von Shore und Timber Bush entdecken wir eine Plakette, die an die legendäre Tour des englischen Königs George IV. durch Schottland und seine Ankunft im Hafen von Leith im Jahr 1822 erinnert. Jahrzehntelang war Schottland von den Monarchen in London wenig beachtet worden und umso größer war die Aufregung, als sich der König in Richtung Norden aufmachte. Die Reise war ein voller Erfolg: George IV. war so begeistert, dass er sich sogar bereit erklärte, einen Schottenrock zu tragen.

The Signal Tower

Am **Hafenbecken von Leith** dringen aus den offenen Kneipentüren Musik und Gelächter auf die Straße. In der Wasseroberfläche spiegeln sich Masten und Bootsnamen in Gold, die stolze Eigner an den Bug ihrer Schiffe gepinselt haben. Ab hier beginnt ein besonders malerischer Abschnitt unseres Weges. Um das Hafenbecken haben sich zahlreiche Pubs, Cafés und Restaurants angesiedelt. Wir finden einen Sitzplatz im Freien, gönnen uns Eis und Kaffee und lassen die Spaziergänger an uns vorbeiflanieren. Im Hintergrund ist das Plätschern der Wellen zu hören, die leise gegen die Molemauern schlagen. Der Wind hat etwas aufgefrischt und bringt die Takelage einiger Jachten zum Singen.

Unser nächster Stopp ist der 5 **Signal Tower,** der an der Ecke von Shore und Tower Street steht. Der Signalturm

Leith Docks

ist eines der ältesten Gebäude in Leith und wurde in den Jahren 1685 bis 1686 als Windmühle erbaut. Im Jahr 1805 wurden das Kuppeldach und die Windmühlenflügel entfernt und der Turm mit Zinnen versehen. Vom Turm aus wurden Flaggen gehisst, um den in den Hafen einlaufenden Schiffen die Wassertiefe an der Hafenmole anzuzeigen. Wir sind nun am **Tower Place** und sehen uns nach der Büste von John Hunter (1737–1821) um. Hunter stammte gebürtig aus Leith und machte als Offizier der britischen Marine Karriere, bevor er als zweiter Gouverneur von New South Wales nach Australien berufen wurde. Dort ist die Weinregion Hunter Valley nach ihm benannt.

Wir befinden uns an einer historischen Stätte, die den Verlauf der schottischen Geschichte bis in die Neuzeit bestimmt. Es gibt zwar weder einen Gedenkstein noch eine Bronzeplakette in einer Häuserwand, doch von hier aus begann die vielleicht erstaunlichste **Expedition** der schottischen Geschichte. Am 26. Juli 1698 stachen von Leith aus fünf Segelschiffe mit rund 1200 Menschen an Bord in See; Siedler, die sich im Auftrag der schottischen Krone auf der Halbinsel Darién im heutigen Panama niederlassen und damit die Basis für die so heiß ersehnten schottischen Kolonien schaffen sollten. Die Siedler fanden einen mit Mücken verseuchten Sumpf vor und die feindlichen Auseinandersetzungen mit den bereits vor Ort ansässigen Spaniern taten das ihre. Am Ende scheiterte das Projekt, doch in der Erwartung, schon bald mit eigenen Kolonien reich zu werden, hatten sich der Staat ebenso wie seine wohlhabenden Bürger hoch verschuldet. Nun stand Schottland vor der Staatspleite. Die Lage war prekär und so wurde im Jahr 1707 in Edinburgh der Act of Union vereinbart, der offizielle Zusammenschluss Schottlands mit dem wirtschaftlich starken England. Die ehemals verfeindeten Staaten taten sich zum United Kingdom zusammen, das bis heute Bestand hat.

An der Wasserfront sehen wir eine **Harpune,** eines der wenigen Erinnerungsstücke daran, dass Leith rund 200 Jahre lang ein Hafen für Walfänger war. Ab dem 20. Jahrhundert verlagerte sich die Jagd in Richtung Süden. Der Norweger Christian Salvesen (1827–1911) schuf

An den Docks

von Leith aus das damals größte Walfangunternehmen der Welt. Die Walfänger, die vom Südpol aus zurück nach Edinburgh kamen, hatten eine besondere Ladung im Gepäck: lebende Pinguine. Das legte den Grundstein für den Edinburgh Zoo und noch immer sind die Pinguine dort eine der Hauptattraktionen. Vor uns liegen nun die Docks: in westlicher Richtung das **Victoria Dock** von 1851, in östlicher Richtung das Albert Dock von 1869 und dahinter das **Imperial Dock** aus dem Jahr 1881. Diese sind für uns nicht zugänglich, denn Leith ist trotz des Strukturwandels, der an allen Ecken und Ende zu sehen ist, noch immer ein funktionstüchtiger Hafen und wird als solcher auch genutzt.

Victoria Swing Bridge

Jetzt weht uns ordentlich Meerwind um die Nase. Wir wählen den Weg über die **Victoria Swing Bridge** aus dem Jahr 1874 und kehren von dort auf die Hauptstraße Ocean Drive zurück. Das vor uns liegenden Areal wurde in den vergangenen Jahrzehnten grundlegend verändert. Viele Neubauten sind entstanden, wie beispielsweise **Scottish Executive,** ein großer Bürokomplex für die Beamten und Angestellten der schottischen Regierung am Victoria Quay zu unserer Linken. Nach wenigen Metern haben wir das Einkaufszentrum 6 **Ocean Terminal** erreicht. Von außen unterscheidet es sich kaum von einem anderen modernen Gebäude dieser Art. Tatsächlich verbirgt sich hinter den Mauern aber ein Höhepunkt dieser Tour: die königliche 7 **Royal Yacht Britannia.**

Mit dieser Jacht waren die Royals auf den Weltmeeren unterwegs und hier verbrachten Lady Di und der damalige Prinz Charles ihre gemeinsamen Flitterwochen. Die Royals empfingen Staatsoberhäupter, Prinzessinnen und Politprominenz wie Nelson Mandela oder den US-Präsidenten Ronald Reagan – die Jacht verlieh der Seefahrernation Großbritannien Glamour, wenn die internationale Presse

The Royal Yacht Britannia

The Port of Leith Distillery

von diesen Reisen rund um den Globus berichtete. Im Jahr 1997 wurde sie außer Dienst gestellt. Seitdem liegt sie als Museumsschiff vor Anker. Wir kaufen eine Eintrittskarte und betreten die Jacht. Auf der Kommandobrücke pfeift uns der Wind um die Nase und fürs Erinnerungsfoto nehmen wir nacheinander auf dem Kapitänssessel Platz. Danach treten wir den Rundgang über vier Ebenen an, der uns vom Maschinenraum bis zum Schlafzimmer der verstorbenen Queen Elizabeth führt.

Vom bordeigenen **Besuchercafé** haben wir einen schönen Blick über den Hafen und vor allem über die Whiskybrennerei, die vor nicht langer Zeit in Leith eröffnet wurde. Sie ist die nächste Station unseres Rundgangs. Die **8 Port of Leith Distillery** unterscheidet sich von allen anderen Brennereien Schottlands: Es handelt sich um die erste vertikale Whiskydestillerie. Als die Eigentümer den Zuschlag für den Bau einer Brennerei erhielten, hatten sie auf dem zur Verfügung stehenden Gelände nicht viel Platz. Aus der Not heraus bauten sie daher in die Höhe. In jedem Stockwerk findet ein Produktionsschritt statt, bis ganz unten im Erdgeschoss die Fässer aus der Destillerie in die La-

SCOTCH WHISKY

Whisky gehört zu Schottland wie die Highlands und der Dudelsack. Im Land gibt es insgesamt fünf Whiskyregionen. Die bekannteste ist die Speyside im Nordosten des Landes, wo rund die Hälfte der schätzungsweise 130 Brennereien angesiedelt ist. Es gibt Blended Whisky und den höherwertigen Single Malt. Doch für Whisky aus Schottland gilt unisono, dass dieser mindestens 3 Jahre im Fass gereift sein muss, bevor er sich schottischer Whisky nennen darf.

Das wichtigste Unterscheidungsmerkmal ist *peated* und *non-peated.* Für Peated Whisky wird die für die Produktion genutzte Gerste zuvor über einem Torffeuer geräuchert. Diese rauchigen Whiskys findet man oftmals, aber nicht ausschließlich an der Westküste. Viele Destillerien haben ausgewiesene Besucherzentren und bieten Touren durch die Produktionsanlagen an. Getrunken wird Whisky übrigens so, wie er jedem individuell am besten schmeckt. In Schottland wird zum Whisky in der Regel ein Schuss Wasser (und kein Eis) gereicht.

gerhallen gerollt werden können. Wir gehen vorbei an großen Behältern, in denen die Gerste vorbereitet wird, und schauen hinunter auf die kupferfarbenen Brennblasen, die sich in einem der unteren Stockwerke befinden. Draußen vor den Fenstern ziehen die Möwen vorbei, und wir sehen die Kräne und das Verladen von gelben und roten Containern im Hafen. Im obersten Stockwerk befindet sich eine **Bar,** von der aus wir noch einmal einen sensationellen Blick übers Meer haben. Die Port of Leith Distillery hat ein Besucherzentrum und bietet geführte Touren an.

Wir treten nun den Rückweg an und überlegen kurz, mit dem Bus in die Stadt zurückzufahren, als wir die vielen Bushaltestellen vor dem Einkaufszentrum sehen. Doch dann würden wir den zweiten Teil dieser Tour verpassen. Es geht dazu zunächst den gleichen Weg zurück, bis wir wieder am Hafenbecken stehen. Wir folgen dem rechtsseitigen Lauf des Water of Leith und gehen auf der Höhe der Straße Tolbooth Wynd über die Brücke Richtung **Sandport Place.** Nun befinden wir uns auf der linken Uferseite, und dort beginnt der 9 **Water of Leith Walkway,** der als **National Cycle Route 75** ausgeschildert ist und am Ufer des Water of Leith verläuft. Dieser rund 2,5 Kilometer lange Abschnitt ist ein weithin unbekannter Teil von Edinburgh. Er wird vor allem von den Anwohnern zum Spazierengehen und Joggen genutzt. Touristen sieht man hier nur wenige. Es fühlt sich an, als erlebe man Edinburgh bei einem Blick in seinen Hinterhof.

Der Charme der Strecke liegt auch darin, dass der Wanderweg zum großen Teil im ausrangierten Gleisbett jener kleinen Bimmelbahnen angelegt wurde, die einst die Stadtteile miteinander verbanden. So geht man gelegentlich durch einen kurzen Eisenbahntunnel oder trifft auf die Überreste von Bahnsteigen und Haltestellen. Wir kommen an mehreren kleinen Grünflächen vorbei und entscheiden uns für einen Rundgang, der uns zum Start unserer Leith-Tour zurückbringt. An der nächsten Brücke überqueren wir dazu den Fluss an der Coburg Street und folgen der Great Junction Street, bis wir wieder an unserem Ausgangspunkt sind.

Water of Leith Walkway

4

Start: St Stephen's Church, St Stephen Street, Edinburgh EH3 5AB
Ziel: Scottish National Galleries of Modern Art, 75 Belford Road, Edinburgh EH4 3DR
Länge: ca. 6,5 Kilometer
Dauer: ca. 2,5 Stunden
ÖPNV: Haltestelle Howe Street; am Ziel: Haltestelle Gallery of Modern Art
Parken: Besucherparkplätze der Scottish National Galleries of Modern Art

UNTERWEGS ENTDECKT

1. St Stephen's Church
2. Brücke von Stockbridge
3. Raeburn Place (Einkaufsstraße)
4. The Grange Club (Cricketclub)
5. Inverleith Pond
6. Sundial Garden
7. Inverleith Park
8. Royal Botanic Garden
9. Victorian Tropical Palm House
10. Stockbridge Colonies
11. Dean Village
12. Scottish National Galleries of Modern Art

ESSEN + TRINKEN

The Antiquary Bar, 72–78 St Stephen Street, Edinburgh EH3 5AQ, Tel. +44 (1 31) 2 25 28 58, www.theantiquarybar.co.uk (Livemusik und traditionelles Pubquiz)
Hector's, 47–49 Deanhaugh Street, Edinburgh EH4 1LR, Tel. +44 (1 31) 3 43 17 35, www.nicholsonspubs.co.uk (Traditionspub von 1873)

DÖRFLICHES STOCKBRIDGE

Shoppen und entspannen

Der Stadtteil Stockbridge präsentiert Edinburgh von seiner entspannten Seite – und bezaubert mit seinem fast dörflichen Charme. Hier sitzt man nach Feierabend draußen in der Sonne und trinkt ein Ale, Touristen und Einheimische bummeln an den Auslagen der zahlreichen kleinen, mit viel Liebe geführten Geschäfte vorbei und auf den weitläufigen Rasenflächen des Inverleith Parks trainieren Amateur-Rugbymannschaften. Davon gänzlich unbeeindruckt führen die Bewohner ihre Hunde aus. An seinem westlichen Ende stellt das Blätterdach einer alten Baumallee den Rahmen für ein Postkartenmotiv dar.

Die erste Station unseres heutigen Spaziergangs ist das Kirchengebäude 1 **St Stephen's Church,** das in den Jahren 1827 und 1828 nach Entwürfen des schottischen Architekten William Henry Playfair (1790–1857) errichtet wurde. Im 49 Meter hohen Kirchturm befindet sich das längste Uhrpendel Europas. Die ehemalige Kirche ist heutzutage ein lebendiges Stadtteilzentrum – hier treffen sich Yogagruppen oder die örtlichen Pfadfinder. In den Sommermonaten und besonders zur Festivalzeit im August verwandelt sich die

St Stephen's Church

4 DÖRFLICHES STOCKBRIDGE

Stockbridge Market

Kirche in eine Theaterbühne. Die malerische Circus Lane in unmittelbarer Nähe ist ein beliebtes Fotomotiv und wir merken schnell, dass die Fotos am besten gelingen, wenn der Kirchturm der St Stephen's Church im Hintergrund zu sehen ist. In der angrenzenden St Stephen Street befinden sich neben inhabergeführten Cafés und Restaurants auch niedliche Buchläden und Secondhandläden für Kleidung. Unser Favorit ist der Buchladen **Golden Hare** (auf Deutsch: Goldener Hase) mit einem ausgesuchten Sortiment britischer und internationaler Literatur.

Der Straßenverlauf der St Stephen Street führt uns zur Kerr Street. Unter schattigen Bäumen liegt dort eine Freifläche, auf der jeden Sonntagvormittag der Wochenmarkt **Stockbridge Market** stattfindet. Dort kann man regionale Spezialitäten aus lokalem Anbau probieren oder nach handgefertigten Mitbringseln Ausschau halten. Der Markt ist bei Einheimischen wie Touristen sehr beliebt, was an der schönen Lage und an der Vielseitigkeit der angebotenen Lebensmittel und sonstigen Produkte liegt.

DIE LEBENSMITTELMÄRKTE

Räucherfisch von der Ostküste, Biofleisch aus der Grafschaft Fife und die schottische Nationalspeise Haggis direkt vom Bauern: Von wegen, in Schottland kann man nicht gut essen. Das Gegenteil ist der Fall und die Wochen- und Delikatessenmärkte treten dafür den Beweis an. Sie sind bei Einheimischen wie Touristen beliebt und zeigen, was die schottische moderne Küche ausmacht: die guten Zutaten. Dazu gehören frischer Fisch und Meeresfrüchte aller Art, Wild und Dutzende lokale Käsesorten.

Der Stadtteil Stockbridge liegt am Flüsschen Water of Leith, das sich einmal quer durch Edinburgh schlängelt. Man nimmt an, dass Stockbridge seinen Namen von einer früheren Holzbrücke erhielt, über die das Vieh auf den Markt getrieben wurde. Das Dorf war ursprünglich nicht eingemeindet und viele Dorfbewohner arbeiteten in den umliegenden Mühlen oder Gerbergruben. Im Jahr 1760 wurde eine Quelle mit dem angeblichen Heilwasser entdeckt; von da an wurde Stockbridge zu einem beliebten Rückzugsort für Stadtbewohner, die das Mineralwasser der nahe gelegenen Quelle St Bernard's Well probieren wollten.

Wir stehen nun auf der 2 **Brücke von Stockbridge** und schauen auf der Westseite über die Balustrade auf das Water of Leith. Dort steht ein Mann bis zur Hüfte im Wasser,

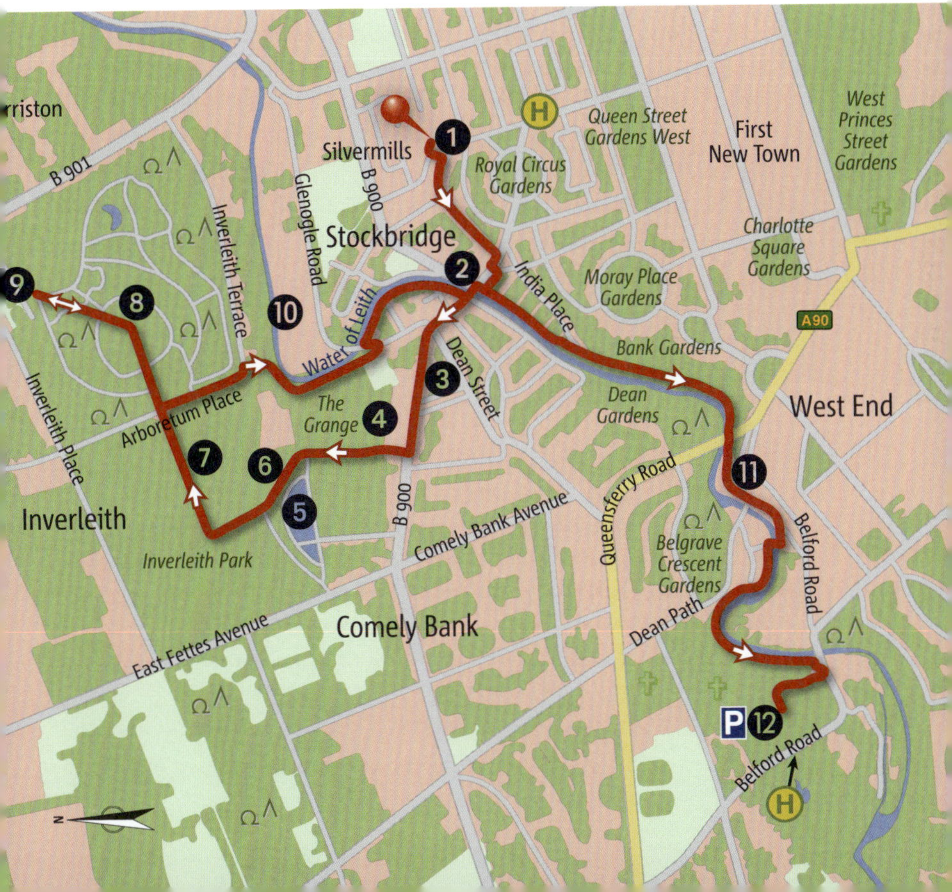

scheinbar kurz davor, in die Fluten zu tauchen. Erst auf den zweiten Blick erkennen wir, dass es sich um eine Statue handelt. Sie stammt vom Künstler Antony Gormley und durch das Grün der umliegenden Bäume und die Zweige, die halbwegs die Sicht versperren, wirkt die Statue auf den ersten Blick so lebensecht, dass man wirklich genau hinsehen muss, ob da nicht doch ein mutiger Zeitgenosse kurz davor ist, im recht kalten Wasser schwimmen zu gehen. Die Figur gehört zu einem Ensemble von insgesamt sechs Statuen, die entlang des Flusslaufs aufgestellt sind.

Water of Leith

Wer mag, kann an der Stockbridge-Brücke einen kleinen Abstecher in die Straße **Dean Terrace** einlegen. Im frühen 19. Jahrhundert legten die dortigen Grundbesitzer, unter anderem der Porträtmaler Sir Henry Raeburn, diese charmante georgianische Straße sowie die **Ann Street** an, letztere benannt nach Raeburns Frau Ann Leslie. Nach und nach dehnte sich die Stadt aus und umschloss das Dorf. Ann Street ist inzwischen eine der teuersten Wohnstraßen Edinburghs, gerade weil die Straße so malerisch und beschaulich wirkt.

Von der Brücke folgen wir links dem Straßenverlauf von **3 Raeburn Place.** Dieser bildet das Zentrum und das Herzstück des Stadtteils. Selbst als Besucher bekommen wir ein Gefühl davon, Teil einer quirligen Gemeinde zu sein. Rechts und links gibt es Geschäfte für den Alltagsbedarf, niedliche Cafés und Blumenläden – es macht Spaß, an den Auslagen vorbeizubummeln und in den Geschäften nach Andenken zu stöbern. Stockbridge ist ein Viertel der gut betuchten Mittelschicht von Edinburgh, doch das Viertel ist keineswegs gentrifiziert. Vielmehr zeichnet es sich durch

The Grange Club

einen Bevölkerungsmix aus, der es umso authentischer macht.

An der Straßenkreuzung beim Raeburn-Hotel biegen wir in die schmale Straße Portgower Place ab, die nach einigen Hundert Metern in den Inverleith Park führt. Zu unserer Rechten taucht nach wenigen Metern zuvor der 4 **Grange Club** auf, die Heimatstätte der schottischen Cricketnationalmannschaft. Der Club wurde im Jahr 1832 gegründet und zog im Jahr 1872 in die heutige Umgebung. Einige hochrangige internationale Wettkämpfe wurden hier ausgetragen. Der blau-weiße Pavillon unterscheidet sich deutlich von den für Stockbridge typischen grauen Steinfassaden. Wir folgen dem Straßenverlauf, bis nach wenigen Metern der künstliche See 5 **Inverleith Pond** auf unserer linken Seite zu sehen ist. Nun ist es Zeit für eine Verschnaufpause. Studenten sitzen im Gras und genießen die späte Nachmittagssonne, denn die Parkanlage ist an dieser Stelle in Richtung Westen ausgelegt. Wir setzen uns auf eine Parkbank und sehen zu, wie im gleißenden Gegenlicht die Schwäne ihre Runden auf dem Teich drehen.

Eine kleine Treppe führt uns zum sogenannten 6 **Sundial Garden,** in dessen Zentrum die Kinloch-Anderson-Sonnenuhr aus dem Jahr 1890 steht, ein Geschenk des damaligen Stadtrates William Joseph Kinloch Anderson an die

Fettes College

Stadt Edinburgh. Wir gehen in den 7 **Inverleith Park** hinein, vorbei an einer eindrucksvollen Allee alter Bäume auf der linken Seite. Ein weiterer Weg führt einmal um den Park herum. Die Grünflächen in der Mitte sind Treffpunkt der Hundehalter von Stockbridge. Im Park selbst sind kaum Touristen anzutreffen. Er gehört den Einwohnern und bis in die Abendstunden hinein treffen sich hier Amateurrugbyspieler, Jogger und Fitnessgruppen.

An der Westseite von Inverleith Park ragt zwischen Baumwipfeln ein imposantes Gebäude auf, das aussieht wie ein schottisches Schloss. Es handelt sich dabei um das Internat **Fettes,** eine der besten Privatschulen des Landes. Zu den bekannten Schülerinnen und Schülern zählte beispielweise der frühere britische Premierminister der Labour Party, Tony Blair. Am östlichen Ende liegt vor uns der Botanische Garten. Der 8 **Royal Botanic Garden** stammt aus dem Jahr 1670. Er ist damit einer der ältesten botanischen Gärten Großbritanniens und erinnert an die Zeit des British Empire, als sogenannte Pflanzenjäger speziell aus Schottland in die Welt hinauszogen, um möglichst exotische Pflanzen nach Großbritannien zurückzubringen. Im Botanischen Garten gibt es verschiedene Themengärten wie den **Japa-**

nischen Garten und den **Steingarten.** Auf dem Gelände finden außerdem Workshops, Ausstellungen und geführte Touren statt. Der Eintritt ist kostenfrei und ein Blick lohnt sich allemal.

Der Mittelpunkt des Botanischen Gartens ist das imposante Gewächshaus 9 **Victorian Tropical Palm House,** das aus der Zeit von Queen Victoria stammt und für das wir eine Eintrittskarte kaufen müssen. Hier entkommt man dem schottischen Schmuddelwetter und befindet man sich mit nur wenigen Schritten in den Tropen. Die einzelnen Häuser bilden die verschiedenen Ökosysteme dieser Welt ab und rund ein Viertel der im Garten befindlichen Pflanzen wächst unter Glas, seien es riesige Wasserlilien oder Wüstenkakteen, die ihre stacheligen Arme in den Himmel recken. Wir spazieren an Bambus und exotischen Blüten vorbei, doch die eindrucksvollsten Pflanzen sind die Palmen. Wenn wir den Kopf in den Nacken legen, sieht es so aus, als würden die dichten Kronen fast das Glasdach durchbrechen.

Royal Botanic Garden

Victorian Tropical Palm House

Der Star dieser Sammlung ist eine 200 Jahre alte Palme, die in ihrer Heimat Bermuda vom Aussterben bedroht ist.

Wir verlassen den Botanischen Garten und folgen dem Verlauf der **Arboretum Avenue** in Richtung Innenstadt. Es geht bergab, denn die Straße liegt im Tal des Flusslaufes vom Water of Leith. Auf der gegenüberliegenden Seite befindet sich die Wohnanlage **10 Stockbridge Colonies.** Sie hat mit den britischen Kolonien während der Zeit des British Empire nichts zu tun. Es handelt sich vielmehr um ein ehrgeiziges Wohnungsbauprojekt aus dem 19. Jahrhundert, das Handwerkern und Arbeitern sowie ihren Familien eine bezahlbare und menschenwürdige Bleibe sichern sollte. Bauherrin war ihrerzeit die Edinburgh Cooperative Building Company, die im Jahr 1861 als Ergebnis einer Streikaktion gegründet wurde, bei der die beteiligten Arbeiter eine Abkehr vom damaligen 10-Stunden-Tag forderten. Als Konsequenz verloren viele ihre Arbeit. Einige Maurer mit Geschäftssinn taten sich zusammen und gründeten eine Baufirma, die schon bald Anteilseigner und Mitgesellschafter aus anderen Handwerksberufen anlockte. Die Colonies haben ihren ganz eigenen Cottage-Charme: Sie sind nach heutigen Standards zwar klein, aber so gestaltet, dass jede Familie ihren eigenen Hauseingang und ihren eigenen kleinen Vorgarten hat. Man kann sich gut vorstellen, dass einst die Wäsche vor den Häusern flatterte, Kinder auf der Straße spielten und sich die Frauen zum Plausch am Gartenzaun trafen. Die Wohnungen sind bis heute heiß begehrt und werden dementsprechend teuer gehandelt.

An der Straßenkreuzung von Arboretum Avenue und St Bernard's Row folgen wir den Hinweisschildern zum **Water of Leith Walkway.** Der Weg bis zurück nach Stockbridge ist zwar nur wenige Hundert Meter lang, doch für einen Moment tritt der Lärm des Straßenverkehrs in den Hintergrund, wenn wir dem Plätschern des Flusses lauschen, der an dieser Stelle über kleine Steine springt. Diese Szene wird von dem markanten Kirchturm der **St Stephen's Church** überragt, dem Ausgangspunkt unserer Wanderung. Nach wenigen Treppenstufen stehen wir wieder am Raeburn Place,

Water of Leith Walkway

den wir bereits vom Hinweg kennen. Wir folgen nun dem Verlauf der **Saunders Street** und entdecken dabei den vielleicht schönsten, mit Sicherheit aber romantischsten Streckenabschnitt dieser Tour. Der kleine Fluss hat an dieser Stelle Fahrt aufgenommen und ergießt sich als grüner Schwall über flache Steine, die aus dem Wasser ragen. Auf einem dieser Steine steht ein Fischreiher, der völlig unbeeindruckt von den Menschen auf dem Wanderweg seinem Tagesgeschäft nachgeht.

Nach wenigen Minuten erreichen wir 11 **Dean Village,** ein kleines, inzwischen eingemeindetes Dorf. Der Blick aufs Dorf ist von der alten Steinbrücke besonders malerisch. Sie stammt aus dem Jahr 1832 und wurde von dem Bauingenieur Thomas Telford geplant, der in Schottland zahllose Infrastrukturprojekte wie Brücken und Kanäle realisiert hat. Wir gehen an einem Cottage vorbei, vor dem in Blumenkästen und Kübeln Geranien blühen. Kurz darauf zweigt ein schmaler Durchgang nach links auf die **Belford Road.** Im Haus mit der Nummer 3 verbirgt sich ein echter Geheimtipp: Hier hat die **Edinburgh Society of Musicians** ihren Sitz. Das Gebäude ist für den allgemeinen Besucherver-

Dean Village

kehr zwar geschlossen, allerdings finden in den Räumlichkeiten an den Wochenenden regelmäßig klassische Konzerte statt. Nichtmitglieder sind willkommen. Der Eintritt ist üblicherweise kostenfrei.

Wir kehren an den Fluss zurück und folgen seinem Lauf, bis wir eine weitere Brücke erreichen. Hier wechseln wir von der linken Uferseite auf die rechte. Von der Brücke aus kommen die für Edinburgh ungewöhnlichen gelb getünchten Fassaden der umliegenden Häuser besonders gut zur Geltung. Viele Besucher kehren an dieser Stelle um, doch wir gehen noch ein kleines Stück weiter. Schon von Weitem hören wir Wasser über ein **Wehr** rauschen und nach starken Regenfällen liefert der Fluss hier ein besonders eindrucksvolles Schauspiel ab. Danach wird es ruhig. Die Wasseroberfläche steht oberhalb des Wehrs ganz still, sodass sich die tief hängenden Zweige der alten Buchen darin

Wehr

Scottish National Gallery of Modern Art Two

spiegeln. Das Wasser fließt träge dahin. Von Zeit zu Zeit zieht es silberfarbene konzentrische Kreise, eine kleine Unruhe, die schon bald verebbt. Auf der gegenüberliegenden Seite befinden sich Wohnstraßen, doch es ist kein Autolärm zu hören.

Nach wenigen Minuten erreichen wir eine Treppe mit einem Hinweisschild. Hier verlassen wir den Pfad und gehen die Stufen hinauf, bis wir auf der Belford Road stehen. Dort befinden sich die beiden Gebäude der 12 **Scottish National Galleries of Modern Art,** Modern One and Two. Das Modern One legt einen Schwerpunkt auf zeitgenössische Kunst, während in den Ausstellungsräumen des Modern Two eher experimentelle Kunst gezeigt wird. Schon in den Gärten dieser herrschaftlichen Anwesen sind Skulpturen von Henry Moore, Barbara Hepworth und des in Edinburgh geborenen Bildhauers Eduardo Paolozzi (1924–2005) zu sehen. Der Eintritt ist frei. Im Musemscafé **Paolozzi's Kitchen** beenden wir unsere heutige Tour.

5

Start: Colinton New Bridge Viaduct, Bridge Road, Edinburgh EH13 0JU
Ziel: Water of Leith Visitor Centre, 24 Lanark Road, Edinburgh EH14 1TQ
Länge: ca. 3,5 Kilometer
Dauer: ca. 1,5 Stunde
ÖPNV: Haltestelle Colinton Village; am Ziel: Haltestelle Water of Leith Centre
Parken: Parkplatz unterhalb des Colinton New Bridge Viaduct

UNTERWEGS ENTDECKT

1. Colinton New Bridge Viaduct
2. Colinton Tunnel
3. Spylaw Park
4. Spylaw House
5. Colinton Village
6. Statue Robert Louis Stevenson
7. Colinton Parish Church
8. Alte Eibe
9. Water of Leith Visitor Centre

ESSEN + TRINKEN

The Swing Café, Dell Road, Edinburgh EH13 0JR,
Tel. +44 (1 31) 4 41 22 32, www.colinton-parish.com/the-swing-cafe.html
(Café in schöner Lage, eingeschränkte Öffnungszeiten)
The Spylaw, 27 Spylaw Street, Edinburgh EH13 0JT, Tel. +44 (1 31) 4 41 27 83,
www.thespylaw.com (Traditionspub im Ortskern)

DURCH COLINTON

Eisenbahnromantik an alten Gleisen

Man stelle sich eine ausrangierte Bahnstrecke vor: Brennnesseln und Löwenzahn überwuchern die stillgelegten Gleise, die Wände der Wartehäuschen sind mit Graffiti übersät und durch die kaputten Glasscheiben des Bahnhofgebäudes pfeift der Wind. Nicht so in Edinburgh. Hier werden die alten Eisenbahntunnel zur Kunstgalerie. Unsere heutige Tour führt uns in den wenig besuchten Stadtteil Colinton, der zum grünen Gürtel der schottischen Hauptstadt gehört. Villen und gepflegte Gärten verstecken sich hinter hohen Mauern.

Wir beginnen unseren heutigen Streifzug am 1 **Colinton New Bridge Viaduct.** Im Schatten der hohen Brückenkonstruktion liegen eingelassen in den Boden charakteristische Bauteile einer längst nicht mehr benutzten Bahnstrecke. Die schottische Hauptstadt war einst von einem dichten Nahverkehrsnetz durchzogen: Durch die einzelnen Stadtteile fuhren kleine Eisenbahnzüge, die die Menschen zum Arbeiten oder Einkaufen ins Stadtzentrum brachten. In den 1960er-Jahren wurde dieses Gleissystem stillgelegt; das Auto wurde zum wichtigsten Transportmittel. Inzwischen sehnen sich nicht wenige Bewohner nach dem alten Nahverkehrssystem auf der Schiene zurück. Das Viadukt spannt sich über den Fluss Water of Leith, der uns heute fast ständig begleiten wird.

Colinton New Bridge Viaduct

Unweit des Viadukts treffen wir nach rund 200 Metern auf den ehemaligen Eisenbahntunnel 2 **Colinton Tunnel,** der ebenfalls ausgeschildert ist. Der Tunnel wurde im Jahr 1874 eröffnet. Er gehörte zum Liniennetz der Eisenbahngesellschaft Caledonian Railway Company, die Personen und Güter beförderte. Die Streckenführung bestand aus engen Kurven, weshalb eine spezielle Dampflok, die „Pug“, bereitgestellt wurde. Der Personenverkehr wurde im Jahr 1943 eingestellt, der Güterverkehr im Jahr 1967, doch in den 1980er-Jahren hauchte man dem Tunnel neues Leben ein: Die Innenwände des Colinton Tunnel wurden von dem Künstler Chris Rutterford mit meterlangen **Wandbildern** verziert. Rutterford hat in der Vergangenheit mehrere Wandbilder entworfen, aber dieses Projekt ist das landesweit größte seiner Art in Schottland. Der Künstler arbeitete mit lokalen Schulen zusammen, um eine Vielzahl unterschiedlicher Designs zu kreieren, die bekannte lokale Gesichter sowie mythische und historische Charaktere zeigen.

Colinton Station

Was man zu sehen bekommt, ist einfach einmalig: Das insgesamt 140 Meter lange Wandgemälde, das im Jahr 2020 fertiggestellt wurde, stellt Szenen aus dem Gedicht „From a Railway Carriage" des schottischen Dichters und Schriftstellers Robert Louis Stevenson dar. Stevenson beschreibt darin die Freude eines Kindes, das zum ersten Mal in seinem Leben Eisenbahn fährt. Wenn man das Gedicht laut vorliest, soll das Versmaß das Rattern des Zuges imitieren: „Faster than fairies, faster than witches, / Bridges and houses, hedges and ditches; / And charging along like troops in a battle, / All through the meadows the horses and cattle."

Wir kehren auf demselben Weg zum Parkplatz zurück und gehen den asphaltierten Weg unter dem Viadukt hindurch in die entgegengesetzte Richtung. Nun befinden wir uns auf dem **Water of Leith Walkway,** der in diesem Abschnitt vom Stadtteil Balerno nach Kingsknowe kilometerweit am Ufer des Flusses entlangführt. Dabei folgt er in wesentlichen Teilen der ehemaligen Eisenbahnstrecke. Der Fluss hat bei Colinton eine tiefe Schlucht in den Felsen gegraben. An seinem Ufer liegen zum Teil originalgetreu erhaltene Mühlengebäude, die an die industrielle Geschichte der Region erinnern. Die Strecken und Entfernungen sind gut ausgeschildert. Den Hinweisschildern zufolge sind es von uns aus rund 8 Kilometer zurück bis ins Stadtzentrum von Edinburgh. Aber wir wollen ja noch gar nicht umkehren. Nach rund 300 Metern befindet sich vielmehr auf der linken Seite der Eingang in den 3 **Spylaw Park,** eine gepflegte Parkanlage. Hier kann man picknicken oder Fußball spielen und es gibt auch einen Spielplatz. Der Park hat eine offene und angenehme Atmosphäre. Entgegenkommende Spaziergänger grüßen sich freundlich, Kinder spielen auf dem Rasen und in einiger Entfernung

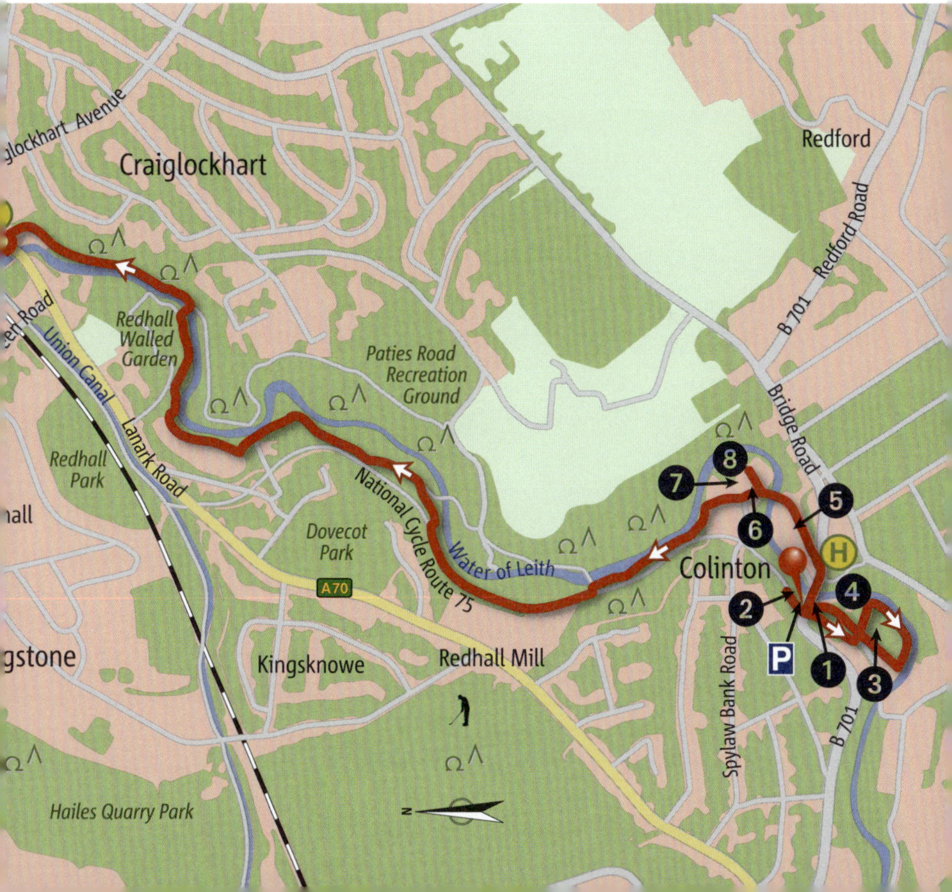

Kunst im Colinton Tunnel

ist das Rauschen des Water of Leith zu hören. Wenn man sich im Park genau umschaut, kann man die Reste des ehemaligen Bahnbetriebs erkennen: alte Plattformen, Aufgänge und Treppenabsätze ohne Funktion, die nun aber zum besonderen Charme des Parks beitragen.

Das zentrale Gebäude im Park ist das (4) **Spylaw House.** Die eindrucksvolle Fassade wird im Sommer vom Laub alter Kastanienbäume verdeckt, doch seine Präsenz ist selbst dann unübersehbar. Das Haus wurde im 18. Jahrhundert vom reichen Fabrikanten James Gillespie (1726–1797) gebaut, der eine Mühle für die Herstellung von Schnupftabak betrieb. Es wurde zeitweise als Jugendherberge, dann als Anlaufstelle für die Boy Scouts genutzt. Heute befindet es sich in Privatbesitz. Der Name Gillespie ist in Edinburgh noch immer präsent: Es gibt im Stadtteil Bruntsfield eine Schule, die nach James Gillespie benannt wurde. Das erinnert daran, dass dieser sich speziell für die Bildung von Frauen und Mädchen engagierte, in einer Zeit, als diese oft nur wenige Chancen auf eine gute Ausbildung hatten. Er verfügte unter anderem, dass nach seinem Tod mit seinem Vermögen eine Mädchenschule gegründet wird. Diese entstand im Jahr 1803. Die bekannteste Schülerin war die Schriftstellerin Muriel Spark.

Direkt hinter dem Spylaw House befand sich auch die **Mühle von James Gillespie,** von der allenfalls wenige Überreste zu erkennen sind. Ein schmaler Spazierweg führt hinter dem Haus am Ufer entlang. Sonnenstrahlen funkeln auf dem Wasser und vor unseren Augen taucht ein Eisvogel

MURIEL SPARK

Muriel Spark (1918–2006) ist eine der bekanntesten Schriftstellerinnen Edinburghs. Ihr Roman „Die Blütezeit der Miss Jean Brodie" ist ein Klassiker der modernen Literatur. Er basiert auf ihren eigenen Schulerfahrungen und auf den Erlebnissen mit ihrer Lehrerin Christina Kay, die Spark zu ihrer Romanfigur Miss Jean Brodie inspirierte. Der Roman erinnert an eine Besonderheit Edinburghs: Nirgendwo sonst in Schottland gibt es so viele Privatschulen wie hier. Schätzungsweise ein Drittel aller Schüler in Edinburgh erhalten ihre Abschlüsse an einer Privatschule.

Spylaw House

ins Wasser. Weiße Steine ragen aus dem Flussbett, die vom smaragdfarbenen Grün der Wellen umspült werden. Es wundert uns nicht, dass Colinton in den 1920er- und 1930er-Jahren ein beliebtes Ausflugsziel war.

Buchen, Kastanien und Wallnussbäume säumen unseren Weg am Wasser entlang und bilden die perfekte Kulisse für einen kleinen Abstecher, der einige Hundert Meter am Flussufer entlangführt und dann in einen Rundgang über das Gelände von Spylaw Park übergeht. Dort entdecken wir am nordöstlichen Ende die **Mahlsteine** einer alten Mühle zur Herstellung von Kaffeepulver, die hier im Jahr 1972 abgeladen wurden. Denn die Gillespie-Mühle war keineswegs die einzige Mühle in Colinton. Das Dorf war ein bekannter Standort für Textil-, Schnupftabak- und Papierfabriken. In der Blütezeit der industriellen Revolution befanden sich bei Colinton und entlang des Flusses rund 80 Mühlen. Die **Upper Spylaw Mill** gehörte einem William Reid, Gillespies größtem Widersacher. Es handelte sich dabei um die viertälteste Papiermühle Schottlands aus dem Jahr 1682. Reid war allerdings kein so honoriger Geschäftsmann wie Gillespie: Im ersten Stock unterhielt er eine Schmugglerspelunke und die Razzien, die dort stattfanden, schafften es in die Abendausgaben der damaligen Zeitungen.

Wir verlassen den Spylaw Park nun auf ähnliche Weise, wie wir gekommen sind: durch die Torbögen des Viadukts. Die Säulen aus rotem Sandstein bilden an dieser Stelle einen schönen Kontrast zu der Vegetation am Ufer. Es geht bergan, bis wir auf einmal mitten im alten Ortskern von 5 **Colinton Village** stehen. Die Geschichte von Colinton lässt sich bis ins 11. Jahrhundert zurückverfolgen. Obwohl der Ort heute eingemeindet wurde und inzwischen ein etablierter und beliebter Vorort von Edinburgh ist, wird das ursprüngliche Zentrum von Colinton immer noch als Colinton Village bezeichnet, mit kleinen Fachgeschäften und vielen originalgetreu erhaltenen Gebäuden.

Wir wenden uns nach links und gehen vorbei am Traditionspub **The Spylaw** die Spylaw Street entlang. Auffällig sind die Dächer aus roten Dachziegeln. Sie findet man auf alten Häusern in Edinburgh nicht häufig. Die Cottages und Bürgerhäuser aus dem 18. und 19. Jahrhundert sind in der Regel mit grauem Schiefer gedeckt, der an der schottischen Westküste abgebaut und verschifft wurde. Der Weg führt über eine kleine Brücke und anschließend rechts in die **Dell Road.** Hier befindet sich der Eingang zur Colinton Parish Church und zum dazugehörenden Friedhof. Zur rechten Hand ist die 6 **Statue Robert Louis Stevenson** zu sehen, die den Dichter als Kind mit seinem Hund darstellt. Der Name des Schriftstellers Robert Louis Stevenson ist eng mit Colinton verbunden. In jungen Jahren besuchte er häu-

Statue Robert Louis Stevenson

Water of Leith Walkway

fig das Herrenhaus in Colinton, wo sein Großvater mütterlicherseits wohnte; Lewis Balfour war Pfarrer der örtlichen Kirchengemeinde. Die Statue wurde im Jahr 2016 vom schottischen Krimiautoren und Erfinder der „Rebus"-Krimireihe Ian Rankin enthüllt. Sie gehört zum kleinen Literatur- und Bildungspfad „Stevenson Trail". Schautafeln zeigen die Gedichte und Verse des beliebten Dichters und Schriftstellers Stevenson (1850–1894), der weltweit bekannte Klassiker wie „Die Schatzinsel" oder „Der seltsame Fall des Dr. Jekyll und Mr. Hyde" schrieb.

Auf dem Kirchengelände der 7 **Colinton Parish Church** und in einem modernen Gebäudekomplex befindet sich das Gemeindecafé **The Swing** (auf Deutsch: Die Schaukel), das von Freiwilligen der örtlichen Kirchengemeinde betrieben wird. Es besteht aus einem hellen, freundlichen Raum, in dem Tee, Kaffee und ein leichtes Mittagessen serviert werden. Gäste sind ausdrücklich willkommen, Hunde müssen allerdings draußen bleiben. Seinen Namen erhielt das Café in Anlehnung an ein Stevenson-Gedicht. Angeblich hing in der 8 **alten Eibe** vor dem Café eine Schaukel für den Jungen. Eiben findet man auf vielen britischen Friedhöfen. Sie können viele Hundert Jahre alt werden und immer wieder ausschießen. Möglicherweise galten sie daher als Symbol für das ewige Leben. Schon die keltischen Druiden maßen Eiben eine besondere Bedeutung zu.

Wir folgen dem Straßenverlauf der Dell Road, bis wir an den Einstieg für den **Water of Leith Walkway** gelangen. Auf diesem spazieren wir einige Kilometer entlang des Flusslaufs. Unser Ziel ist das 9 **Water of Leith Visitor Centre,** das in ein ehemaliges Schulgebäude eingezogen ist. Dort schauen wir uns die kostenlose Ausstellung an, stöbern durch den kleinen Shop mit Büchern und Souvenirs und lassen den Nachmittag schließlich im **Café** mit einer Tasse Tee ausklingen, während im Hintergrund leise das Rauschen des Flusses zu hören ist.

Water of Leith Visitor Centre

6

Start: The Balmoral Hotel, 1 Princes Street, Edinburgh EH2 2EQ
Ziel: Usher Hall, Lothian Road, Edinburgh EH1 2EA
Länge: ca. 5,5 Kilometer
Dauer: ca. 2 Stunden
ÖPNV: Haltestelle Princes Street oder Bahnhof Waverley; am Ziel: Haltestelle Usher Hall
Parken: Q-Park OMNI, Greenside Row, Edinburgh EH1 3AN

UNTERWEGS ENTDECKT

1. The Balmoral Hotel
2. Statue Duke of Wellington
3. Register House
4. Old Calton Burial Ground (Friedhof)
5. Old Observatory House (alte Sternwarte)
6. National Monument of Scotland
7. Nelson Monument
8. Old Royal High School
9. Princes Street Gardens
10. Ross Fountain
11. The Parish Church of St Cuthbert
12. Usher Hall (Konzerthalle)

ESSEN + TRINKEN

Café Royal, 19 West Register Street, Edinburgh EH2 2AA, Tel. + 44 (1 31) 5 56 18 84, www.caferoyaledinburgh.com (Pub im viktorianischen Flair)
The Lookout, 38 Calton Hill, Edinburgh EH7 5AA, Tel. +44 (1 31) 3 22 12 47, www.thelookoutedinburgh.co (edles Restaurant auf Calton Hill)

DER HÜGEL CALTON HILL

Rundumblicke auf die Stadt

Was für ein Blick! An klaren Tagen kann man weit über das blaue Wasser des Firth of Forth bis in die Region Fife gucken. In der entgegengesetzten Richtung sind die Turmspitzen der St Giles' Cathedral sowie Edinburgh Castle zu sehen: Das ist die Aussicht vom Calton Hill. Zu unseren Füßen liegt der königliche Holyrood Palace. Direkt nebenan befindet sich der größte Stadtberg Edinburghs, Arthur's Seat. Die Tour ist besonders für Besucherinnen und Besucher spannend, die in der schottischen Hauptstadt nicht viel Zeit haben, sich aber trotzdem einen guten Rundumeindruck verschaffen wollen.

Wir starten unseren Spaziergang vor dem Haupteingang des 1 **Balmoral Hotel,** des ehemaligen Bahnhofshotels von Edinburgh. Es schmückt als Motiv unzählige Kalender und Postkarten. Wegen seiner zentralen Lage und seines markanten Aussehens mit dem Uhrturm gehört das Hotel zu den bekanntesten Gebäuden der Stadt. Um den Fahrgästen den Weg zu den Zügen zu erleichtern, geht die Uhr immer einige Minuten vor, sodass es anscheinend später ist und sich die Passagiere umso mehr beeilen, um ihren Zug nicht zu verpassen. Im **Palmensaal** kann man sich einen edlen Afternoon Tea aus 88 Teesorten aussuchen und typisch englische Sandwiches sowie ein Glas Champagner als zusätzliches Extra bestellen. Das ist zwar keine günstige Angelegenheit, aber wie könnte man dem Regenpladdern aufs Dach besser entkommen als beim gedämpften Klang einer Harfe, unter geschliffenen Kronleuchtern und umgeben von handgemalten Tapeten?

Doch zunächst haben wir noch eine Tour zu absolvieren. Direkt unter uns befindet sich der **Bahnhof Waverley,** der nach einem Roman von Sir Walter Scott benannt ist. Doch nach Zugfahren steht uns nicht der Sinn. Wir schauen vielmehr geradeaus auf die andere Seite der Princes Street, wo die stattliche 2 **Statue Duke of Wellington** vor einem imposanten Sandsteingebäude steht. Die Reiterstatue

The Balmoral Hotel

zeigt den bei der Schlacht von Waterloo siegreichen Anführer des britischen Heeres, den Duke of Wellington (1769–1852). Das Standbild wiegt 12 Tonnen und wurde 1849 von 30 Männern und acht Pferden in Position gebracht. Das herrschaftliche Haus dahinter ist ❸ **Register House,** das Dokumentenamt der Stadt, in dem die Geburts- und Sterbeurkunden aufbewahrt werden. Hierhin wendet man sich auch, wenn man mehr über mögliche schottische Vorfahren wissen will. Das Gebäude stammt aus dem Jahr 1771 und war das erste eigens für diesen Zweck gebaute staatliche Dokumentenarchiv Europas.

Wir folgen der Straße Waterloo Place und biegen nach wenigen Metern rechts in einen kleinen Durchgang, der uns auf den Friedhof ❹ **Old Calton Burial Ground** bringt. Zwi-

Old Calton Burial Ground

DIE SIEBEN HÜGEL VON EDINBURGH

Die schottische Hauptstadt wurde auf sieben Vulkanhügeln errichtet, die vor rund 450 Millionen Jahren aktiv waren. Diese Erhebungen dominieren das Stadtbild. Dabei handelt es sich um Calton Hill und den Burgberg Castle Hill, weiterhin Corstorphine Hill und Craiglockhart Hill. Braid Hills und Blackford Hill sind sehr schöne Wanderreviere. Der bekannteste Hügel ist Arthur's Seat. Wer sich alle sieben Hügel vornimmt, hat rund 23 Kilometer vor sich und muss knapp 700 Meter Höhenunterschied überwinden.

schen alten Gräbern, efeuumrankten Statuen und verwitterten Steinen entdecken wir unvermutet ein wenig US-amerikanische Geschichte, und das mitten im Zentrum der schottischen Hauptstadt: Die Statue des US-Präsidenten Abraham Lincoln ist nicht zu übersehen. Sie steht bei den Gräbern von fünf schottischen Soldaten, die im Amerikanischen Bürgerkrieg (1861–1865) kämpften. Auf der Rückseite des Monuments befindet sich das Grab des Bildhauers Sir John Robert Steell (1804–1891), der die Wellington-Statue geschaffen hat, die wir eben gesehen haben. Das Grab ist mit einer Platte vor potenziellen Grabräubern geschützt. Wir kehren zum Ausgang zurück und wenden uns nach rechts. Nun überqueren wir die Straße und gehen eine Treppe zum **Calton Hill** hinauf.

Dort erreichen wir nach wenigen Stufen ein großflächiges Plateau mit mehreren Gebäuden. Auf Calton Hill wurde im Jahr 1792 die erste Sternwarte in Edinburgh fertiggestellt, das **5 Old Observatory House,** heute alte Sternwarte genannt. Sie zog eine illustre Schar von Astronomen an: einen Schiffsarzt, der sich im Laufe der Jahre mehr der Heilung der Seefahrerkrankheit Skorbut verschrieb als den Sternen. Einen Rechtsanwalt, dem als Erster die Berechnung von den Abständen zwischen zwei Himmelskörpern gelang. Und einen Astronomen, der eher mit Spekulationen über ägyptische Pyramiden als mit seinen Beobachtungen des schottischen Sternenhimmels Furore machte. Inzwischen sind die Lichter der Stadt so stark, dass der Himmel über der Innenstadt nicht mehr dunkel genug ist, um von

Calton Hill

Calton Hill aus nach Sternen und Himmelskörpern Ausschau zu halten. Die neue Sternwarte ist daher in einen ruhigeren Stadtteil umgezogen. Zurückgeblieben ist ein beeindruckendes Gebäude nach den Entwürfen von James Craig (1739–1795).

Die vielen Besucher, die heutzutage auf den Calton Hill wandern, genießen in erster Linie den **schönen Ausblick.** In Richtung Norden schauen wir über den Firth of Forth bis zur Region Fife. Holyrood Palace, der Palast der Royals in Edinburgh, liegt zu unseren Füßen. Der Nachbarberg Arthur's Seat ist durch unseren Aufstieg scheinbar näher herangerückt und an seinen Hängen erkennen wir Wanderer auf dem Weg zum Gipfel. In der entgegengesetzten Richtung sind die Turmspitzen der St Giles' Cathedral zu sehen sowie zahlreiche spitz zulaufende Kirchtürme. Das neue Einkaufszentrum St James Quarter in westlicher Richtung macht in dieser Ansammlung eine Ausnahme. Der Bau, der im Jahr 2021 eröffnet wurde, schließt mit einem Konstrukt ab, das nicht etwa spitz nach oben läuft, sondern sich schneckenförmig verengt. Um dieses

Old Observatory House

Element gab es einige Kontroversen, die dem Dach den wenig schmeichelhaften Spitznamen „The Golden Turd" (auf Deutsch: Der goldene Hundehaufen) eingebracht hat.

Das auffälligste Gebäude auf dem Hügel ist aber wohl das 6 **National Monument of Scotland,** das mit seinen zwölf scheinbar antiken Säulen an einen alten griechischen Tempel erinnert. Wir gehen einmal um das Bauwerk herum und schauen zu, wie eine Gruppe junger Leute sich die Mühe macht, die Steinquader für ein Selfie nach oben zu klettern. Das National Monument war als Denkmal für die Soldaten gedacht, die in den Napoleonischen Kriegen kämpften. Der Grundstein wurde im Jahr 1822 mit viel öffentlichem Brimborium und in der Anwesenheit des britischen Königs Georg IV. gelegt. Nach Plänen des schottischen Architekten William Henry Playfair sollte das Monument nicht weniger sein als das Parthenon auf der Akropolis in Athen. Das Projekt kam allerdings nie so richtig in Schwung. Die nötigen

National Monument of Scotland

6 DER HÜGEL CALTON HILL

Spendengelder blieben aus und so wurde das National Monument nie vollendet.

Uns fällt das 7 **Nelson Monument** aus dem Jahr 1815 ins Auge, das den siegreichen Admiral Horatio Nelson feiert. Auf dem Dach befindet sich eine Signalstation, die jeden Tag um Punkt 13.00 Uhr den Schiffen in Edinburghs Hafen Leith die Zeit anzeigte. Auf dem Weg zum Nelson Monument kommen wir an einem der beliebtesten Fotomotive Edinburghs vorbei. Es zeigt das **Denkmal** für den Moralphilosophen Dugald Stewart in Form eines kleinen antiken Tempels im Vordergrund und Edinburgh Castle sowie das Stadtpanorama im Hintergrund. Dugald Stewart war eine Art Marketingbeauftragter des Scottish Enlightenment. Er sorgte mit seinem Kommunikationstalent dafür, dass die Ideen, die in Edinburgh entstanden, internationale Beachtung fanden, vor allem in den USA. Am Nelson Monument selbst gibt es einen weiteren **Aussichtspunkt** über die Princes Street, der bei Fotografen sehr beliebt ist.

Nelson Monument

Wir steigen nun in südlicher Richtung ab. Dabei fallen uns die stacheligen Büsche auf, die überall in Schottland zu finden sind. Im Frühjahr und Frühsommer färben die Ginsterblüten die Hänge leuchtend gelb. Am Fuße von Calton Hill wenden wir uns nach links in die Regent Road und sehen dort die 8 **Old Royal High School,** die zwischen 1825 und 1829 im neoklassizistischen Stil erbaut wurde. Ursprünglich eine Schule, wurde das Gebäude als Sitz für ein schottisches Parlament gehandelt. Dazu kam es jedoch nicht. Das schottische Parlament erhielt ein neues Gebäude und für die Old Royal High School gibt es nun den Plan, es in ein Musikausbildungszentrum umzubauen. Wir gehen am **Burns Monument** vorbei, das dem schottischen Nationaldichter gewidmet ist, und erreichen schließlich eine der besten Wohnadressen Edinburghs: die Straße **Regent Terrace.**

Burns Monument

Der Spitzname der Straße lautet „Whisky Row“, denn hier hatten eine Zeit lang die zu Geld gekommenen Whiskyhändler und -hersteller ihre Häuser. Es ist ihnen kaum zu verdenken. Die Straße liegt innenstadtnah und dennoch abgeschieden. Die Bewohner haben Zugang zu privaten Gärten, die sich von außen noch nicht einmal erahnen lassen. Die Straße wurde vom schottischen Architekten William Henry Playfair entworfen und entstand in den Jahren zwischen 1819 und 1860. Im Haus mit der Nummer 3 befindet sich das **US-amerikanische Generalkonsulat.** Am unteren Ende von Regent Terrace, wenige Meter vor der Greenside Church, führt der Weg zurück auf den Calton Hill. Eine Alternative besteht darin, Regent Terrace bis zum Ende zu folgen und dann nach links in den Leith Walk abzubiegen. Hier hat uns der Straßenlärm wieder, allerdings nicht für sehr lange. Wir gehen die Straße ein Stück hinauf, bis wir das Balmoral Hotel sehen. Dort erlauben wir uns noch einen Abstecher, der uns in die 9 **Princes Street Gardens** führt.

Edinburgh ist eine Stadt mit vielen Grünflächen und Parks. Princes Street Gardens ist dabei wohl am zentralsten gelegen und ein beliebter Treffpunkt. Junge Mütter schie-

Princes Street Gardens

ben ihre Kinderwagen über die Schotterwege und von einem nahe gelegenen Spielplatz dringt Kindergeschrei herüber. Unsere erste Station ist die **Sonnenuhr** aus blühenden Blumen, die jedes Jahr im Frühling mit wechselnden Pflanzen und Farben gestaltet wird. Von dort aus gehen wir in den Park hinein. Was uns rückblickend besonders gut an Princes Street Gardens gefallen hat, sind die vielen kleinen Details, die man dort entdecken kann. So haben wir beispielsweise das **Standbild vom Bären Wojtek** bewundert. Polnische Soldaten hatten das Bärenwaisenkind im Jahr 1943 adoptiert und als Maskottchen mitgenommen. Da in der polnischen Armee keine Haustiere geduldet waren, wurde Wojtek einfach zum Soldaten ernannt. Als solcher war er beispielsweise bei der Schlacht von Monte Cassino dabei und half seinen Kameraden, Munition zu transportieren. Der Bär war bei den Soldaten seiner Einheit so beliebt, dass sie

Bär Wojtek

Ross Fountain

The Parish Church of St Cuthbert

ihn zum Wappentier machten. Nach dem Krieg wurde die Einheit nach Schottland verlegt und hier durfte Wojtek im Zoo von Edinburgh in Pension gehen.

Nach dieser unglaublichen Geschichte nehmen wir den roten Faden für unsere Tour wieder auf. Am westlichen Ende des Parks befindet sich der malerisch-verspielte ⑩ **Ross Fountain,** ein Brunnen, der ursprünglich aus Frankreich stammt. Das kupfergrüne Becken, das von Statuen umgeben ist, veranlasst uns zu einem Foto mit Edinburgh Castle im Hintergrund. Am westlichen Ausgang von Princes Street Gardens befinden sich das **Kirchencafé** und der **Eine-Welt-Laden** der St John's Church. Dort legen wir eine Pause ein, bestellen Kaffee und eine Tagessuppe und nehmen uns nun endlich die Zeit, die Fotos zu sichten, die wir auf Calton Hill und in den Princes Street Gardens gemacht haben. Von St John's Church sind es nur wenige Meter bis zur benachbarten ⑪ **The Parish Church of St Cuthbert.** Wir gehen über den alten Friedhof zum Eingang der Kirche. Die moosbewachsenen, dunklen Grabsteine wirken selbst im hellen Sonnenschein etwas düster und trotz der Nähe zu einer belebten Hauptstraße seltsam entrückt. Der Friedhof von St Cuthbert hat eine ganz eigene Stimmung und es würde uns nicht wundern, wenn dies der Schauplatz der einen oder anderen Gruselgeschichte ist. Das Innere der Kirche hingegen ist hell, freundlich und einladend.

Wir verlassen den Friedhof und stehen nun auf der Lothian Road, die uns nach

Usher Hall

wenigen Hundert Metern zur Konzerthalle ⑫ **Usher Hall** bringt. Edinburgh hat kein eigenes Opernhaus und somit ist die Usher Hall ein wichtiges Zentrum für klassische Musik und Popkonzerte. Das Programm ist sehr vielfältig. Musikaufführungen verschiedener Arten und Genres, Vorträge und Sonderveranstaltungen zur Festivalzeit sind in der Usher Hall zu sehen. Der Name der Konzerthalle stammt von der Familie Usher, die mit Bier, Whisky und anderen Spirituosen reich geworden war. Wir ergattern eine Eintrittskarte und nehmen am Abend auf den rot gepolsterten Sesseln im Grand Circle Platz. Dort erleben wir, wie das Licht der Kronleuchter über uns langsam verlischt. Der Dirigent hebt den Taktstock, die ersten Töne erklingen – und geben diesem Tag einen denkwürdigen Abschluss.

7

Start/Ziel: Hermitage of Braid, 69 Braid Road, Edinburgh EH10 6BT
Länge: ca. 5,5 Kilometer
Dauer: ca. 2,5 Stunden
ÖPNV: Haltestelle Braid Burn oder Braid Hills Hotel
Parken: Parkplätze am Midmar Drive, Edinburgh EH10 6BT

UNTERWEGS ENTDECKT

1. Hermitage of Braid
2. Doocot (Taubenhaus)
3. Hermitage House
4. Midmar Paddock
5. Blackford Pond
6. Blackford Hill
7. Royal Observatory (neue Sternwarte)
8. Agassiz Rock
9. Blackford Quarry (Steinbruch)

ESSEN + TRINKEN

Canny Man's, 237 Morningside Road, Edinburgh EH10 4QU, Tel. +44 (1 31) 4 47 14 84, www.cannymans.co.uk (Traditionspub der Reservistenarmee im 18. Jahrhundert)
Braid Hills Hotel, 134 Braid Road, Edinburgh EH10 6JD, Tel. +44 (1 31) 4 47 88 88 (Hotel mit schottischem Charme und leckerem Afternoon Tea)

BLACKFORD HILL

Wandern über Wildblumenwiesen

Braid Hills und Blackford Hill gehören zu den sieben Vulkanbergen, auf denen Edinburgh errichtet wurde. Vor 400 Millionen Jahren floss hier glühend heiße Lava, heute liegt an dieser Stelle der Braidburn Valley Park mit einem naturbelassenen Tal, das vom Flüsschen Braid Burn in zwei Hälften geteilt wird. Die Hügel bieten einen Rundumblick auf die schottische Hauptstadt und das Naherholungsgebiet Pentland Hills im Süden. Sogar die Grafschaft Fife ist sichtbar, während Boote auf der glitzernden Wasseroberfläche des Firth of Forth tanzen. Durch dieses Gebiet führt unsere heutige Tour.

Wir haben die Innenstadt von Edinburgh in südlicher Richtung verlassen. Unsere Tour beginnt am Eingang des **1 Hermitage of Braid.** Namensgeber soll ein Eremit gewesen sein, der sich hier im 17. Jahrhundert eine Unterkunft gebaut hatte. Nun ist die Hermitage vor allen Dingen ein Naherholungsort.

Der Park umfasst eine Fläche von 60,3 Hektar und ist in zwei unterschiedliche Gebiete unterteilt: den Blackford Hill, der von Grasflächen umgeben ist, und die sogenannte Hermitage of Braid mit dem Tal des Flusses Braid Burn. Eine

Hermitage of Braid

Vielzahl von Wegen steht zur Auswahl und die Entscheidung sollte man von der persönlichen Fitness und dem Schuhwerk abhängig machen, das man an den Füßen trägt, da einige der Wege etwas matschig sein können. Doch als wir uns für einen Pfad entscheiden müssen, ist es glücklicherweise trocken und so nehmen wir den Weg, der an einer Wiese mit wilden Blumen vorbeiführt. Schon bald stehen wir vor dem ehemaligen Taubenhaus 2 **Doocot** (*doo* = schottisch für Taube). Hier schlugen früher rund 2000 Tauben mit den Flügeln: Ihr Fleisch und ihre Eier waren eine wichtige Nahrungsquelle.

Im 12. Jahrhundert lebte eine wohlhabende Familie im Park. Sie errichtete dort eine kleine Festung, hinter deren Mauern sie sich im Falle eines Angriffs zurückzuziehen konnte. Obwohl heute nichts mehr davon übrig ist, stand **Braid Castle** vom 12. bis zum 18. Jahrhundert über dem Braid Burn. Der erste urkundlich vermerkte Besitzer der Ländereien von Braid war ein gewisser Henri de Brad, der in Edinburgh als Richter tätig war. Er stammte wahrscheinlich von einem flämischen Ritter ab, der bereits mit dem schottischen König David I. nach Schottland gekommen war.

Die Ländereien von Braid waren offenbar bis 1305 im Besitz der Familie de Brad, danach wechselten sie mehrmals den Besitzer. Anfang des 18. Jahrhunderts wurde auf dem Braid-Anwesen ein neues Haus gebaut, was wahrscheinlich das Ende von Braid Castle bedeutete. Der Standort ist bis heute unklar. Es wird vermutet, dass sich die Festung auf einem Felsen oberhalb des Flusses befand, unweit vom 3 **Hermitage House,** unserem nächsten Ziel. Das Herrenhaus stammt aus dem Jahr 1785 und wurde für eine weitere wohlhabende Familie gebaut. Dort befindet sich nun das Besucherzentrum. Unterhalb von Hermitage liegt **Ice House.** Hier wurde im Sommer das Eis verwahrt, das im Winter für Kühlungszwecke gesammelt worden war.

Hermitage House

Wir lassen Hermitage House zu unserer Rechten und bleiben auf einem **rot markierten Wanderweg,** der uns erst durch ein Waldstück und dann über eine grasbewachsene Ebene mit teilweise seltenen Wildpflanzen führt, die 4 **Midmar Paddock** genannt wird. Die Wälder der Eremitage sind von großer lokaler Bedeutung, denn der Wald ist an einigen Stellen fast 300 Jahre alt. Im Frühjahr blühen dort die schottischen Bluebells (Hyacinthus non-scriptus) und legen einen dunkelblauen Teppich unter die hohen Baumkronen.

Nun folgen wir der **blauen Wegmarkierung** und sehen kurze Zeit später die Schrebergärten, die im Park angelegt wurden. Der Weg führt uns um den ersten der beiden Hügel, Blackford Hill, herum. Dazu gehen wir auf der linken Uferseite des Teichs 5 **Blackford Pond** entlang. Auf einem Hinweisschild informieren wir uns über die Vogelarten am Teich. In der Mitte befindet sich eine künstlich angelegte Insel, die als Brutplatz dient. Insgesamt wurden im Park mehr als 100 Vogelarten beobachtet, wobei in einem Jahr durchschnittlich 60 bis 70 Arten registriert werden, darunter Haubentaucher, Bergfinken oder die Rotdrosseln. Darüber hinaus kommen über ein Dutzend Säugetierarten wie beispielsweise Otter vor. Diese Vielfalt, verbunden mit der Nähe zur Stadt Edinburgh, zeigt die Bedeutung des Naturreservats.

Blackford Pond ist auch eine gute Endstation für Spaziergänger, die ihren Rundgang durch den Park verkürzen wollen. Dazu wählen sie den Ausgang am Teich und kehren über Cluny Gardens, Midmar Drive und Hermitage Drive zum Ausgangspunkt des Spaziergangs zurück. Wir allerdings entscheiden uns, noch etwas länger im Park zu bleiben, und folgen weiter der blauen Wegmarkierung. Auf diesem Streckenabschnitt haben wir einen besonders schönen Blick auf Edinburgh und wir machen uns an den Aufstieg auf den Hügel 6 **Blackford Hill.**

Auf dem **Gipfel** wurde eine Festung aus der Eisenzeit nachgewiesen, die vermutlich zum Teil durch die natürlich abfallenden Hänge sowie durch mindestens zwei kreisförmige Wälle verteidigt wurde, die an einigen Stellen noch

7 BLACKFORD HILL

Blackford Pond

Blick vom Blackford Hill

sichtbar sind. Das Innere der Festung war etwa 70 mal 50 Meter groß und enthielt wahrscheinlich runde Häuser, von denen keines erhalten ist. Auf einer ebenen Fläche östlich der Festungsanlage befinden sich die kreisförmigen Fundamente von weiteren Häusern, von denen zwei deutlich sichtbar sind. Auch die Überreste einer späteren Ackerbewirtschaftung sind zu erkennen. Auf Blackford Hill wurden außerdem Steinschnitzereien in Form von Ringmarkierungen gefunden, die sich im National Museum of Scotland in der Innenstadt befinden. Der Park ist somit Teil einer größeren historischen Landschaft und es ist durchaus möglich, dass weitere, noch unentdeckte Fundstücke im Boden verborgen liegen.

Wir folgen dem Wegeverlauf zum nahe gelegenen Sendemast und haben nun ein eindrucksvolles Gebäude vor uns, die neue Sternwarte 7 **Royal Observatory** aus dem Jahr 1892. Das Beobachten der Sterne hat in Edinburgh eine lange Tradition. Auf dem Calton Hill in der Innenstadt von Edinburgh wurde 1792 die erste Sternwarte fertiggestellt. Doch die Nähe zum Stadtzentrum wurde zum Problem, als die hellen Lichter der Häuser und Leuchtreklamen das Licht der Sterne verblassen ließen. Daher wurde auf dem Blackford Hill die neue Sternwarte gebaut. Es handelt sich um eine Forschungsstelle. Doch an ausgesuchten Abenden finden dort geführte Touren statt. Diese dauern rund 1 Stunde und müssen im Vorfeld gebucht werden, da die Besuchergruppen sehr klein sind. Wer ein Ticket ergattert hat, kann erleben, wie eine Software den Himmel in einem kleinen Besucherkino simuliert: den Orionnebel, Meteoriten, Jupiter und Mars. Es ist wenig bekannt, dass Schottland ein wichtiger Standort für die internationale Raumfahrtforschung ist. Schottische Betriebe und Forschungseinrichtungen wie das Astronomy Technology Centre auf dem Blackford Hill gehören zu den weltweit führenden Zulieferern für Hightech im All, allen voran Satellitentechnik.

Royal Observatory

Flusslauf Braid Burn

Am Royal Observatory kehren wir um und gehen als Nächstes an **Golfplätzen** vorbei. Nach einem kurzen Waldstück erreichen wir eine Treppe, die uns in das Flusstal des **Braid Burn** hineinführt. Dort treffen wir auf eine weitere Forschungsstätte. Allerdings schauen wir dieses Mal nicht in den Himmel, sondern auf den Boden. Genau das hatte der Schweizer Geologe Louis Agassiz 1840 auch getan und stattete den Vulkanbergen einen Besuch ab. Als Schweizer wusste Agassiz, welche Spuren Eis auf Gestein verursacht; Rillen, Abschabungen und Schleifspuren, wie sie nur Gletscher hinterlassen können. Ebendiese Muster entdeckte der Geologe am Blackford Hill und bewies damit als Erster, dass Schottland während der Eiszeit mit einer tonnenschweren Eisdecke überzogen war. Der sogenannte (8) **Agassiz Rock** befindet sich noch immer im Park, er ist mittlerweile allerdings stark verwittert.

Unser Weg folgt jetzt im Wesentlichen dem Flusslauf und schon bald erreichen wir den ehemaligen Steinbruch (9) **Blackford Quarry.** Hier wurden in den Jahren 1826 bis 1953 Steine für den Straßenbau gewonnen. Wir befinden uns nun auf den letzten wenigen Hundert Metern. Vor uns taucht das Ice House auf, das wir bereits auf dem Hinweg gesehen haben, und kurze Zeit später sind wir wieder an unserem Ausgangspunkt.

Zum Abschluss der Tour leisten wir uns einen besonderen Luxus: einen Afternoon Tea im schicken **Braid Hills Hotel.** Hierzu biegen wir nach links auf die Braid Road. Wir befinden uns damit in bester Gesellschaft, denn das Hotel diente der schottischen Schriftstellerin Muriel Spark für ihren Romanklassiker „Die Blütezeit der Miss Jean Brodie“. Die Erzählung beschreibt das Leben in den Privatschulen von Edinburgh. Muriel Spark war selbst in Edinburgh zur Schule gegangen und so gibt es wohl nur wenige Romane, die das Leben und die Gesellschaft der schottischen Hauptstadt so authentisch wiedergeben wie die Geschichte der etwas schrulligen Lehrerin Jean Brodie, die sich am Ende der Erzählung einen Afternoon Tea im Braid Hills Hotel gönnt – in der gleichen Manier, wie wir das vorhaben.

8

Start: Old College, The University of Edinburgh, South Bridge, Edinburgh EH8 9YL
Ziel: Scottish National Portrait Gallery, 1 Queen Street, Edinburgh EH2 1JD
Länge: ca. 3 Kilometer
Dauer: ca. 2 Stunden
ÖPNV: Haltestelle South Bridge; am Ziel: Haltestelle Dublin Street
Parken: Edinburgh Waverley Station Car Park, New Street, Edinburgh EH1 1BB

UNTERWEGS ENTDECKT

1. Old College
2. Talbot Rice Gallery
3. Dovecot Studios
4. National Museum of Scotland
5. The Scotch Whisky Experience (Whiskyzentrum)
6. Museum on the Mound (Geldmuseum)
7. National Galleries of Scotland
8. The Fruitmarket Gallery
9. City Art Centre
10. St James Quarter (Einkaufszentrum)
11. Scottish National Portrait Gallery

ESSEN + TRINKEN

The Scottish Café, National Gallery of Scotland, The Mound, Edinburgh EH2 2EL, Tel. +44 (1 31) 2 25 15 50, www.contini.com/scottish-cafe-and-restaurant (Kaffeeauswahl und kleinere Speisen auf der Galerie)
Café Portrait, Scottish National Portrait Gallery, 1 Queen Street, Edinburgh EH2 1JD, Tel. +44 (1 31) 5 58 70 31, www.heritageportfolio.co.uk/cafes/our-cafes/cafe-portrait (Mittagessen, Kaffee und Kuchen in beeindruckender Umgebung)

IN DER INNENSTADT

Ein Regentag: Museen und Galerien

Das Wetter in Schottland ist unbeständig, der Wind weht aus Westen und bringt von dort das nächste Atlantiktief mit. Doch davon sollte man sich nicht abschrecken lassen. Denn es sind gerade diese Wetterwechsel, welche die ohnehin malerischen Landschaften und Städte noch einmal neu und oftmals spektakulär in Szene setzen. So machen wir uns auf, einen Regentag als höchst unterhaltsame Angelegenheit zu gestalten, mit Galeriebesuchen, Museen und Shopping.

Wir treten durch einen hohen Torbogen und stehen vor einer Freifläche, um die herum im rechten Winkel mehrstöckige Gebäude mit klassizistischen Fassaden angeordnet sind. Das vermittelt ein Gefühl von Ordnung und Beständigkeit. Die schweren Türen hören selten auf, auf- und zuzuschlagen: Sie sind während des Semesters immer in Bewegung. Bei besserem Wetter versammeln sich Grüppchen von Studenten auf den Freitreppen und genießen den Sonnenschein. Wir sind am 1 **Old College,** dem repräsentativsten Gebäude der University of Edinburgh, wo unser heutiger Spaziergang beginnt.

Zu Zeiten der Aufklärung vertrat die Universität eine im damaligen Vergleich derart progressive Haltung, dass sie selbst Hochschulen in Oxford und Cambridge den Rang ablief. Eine Schulreform von 1696 verpflichtete die Verwaltungsbezirke, Schulen zu eröffnen, mit der Folge, dass weite Teile der schottischen Bevölkerung lesen und schreiben konnten. Schottland wurde zu einer der weltweit führenden Nationen für Bildung und Wissenschaften. Zahlreiche bekannte Forscher wurden in Edinburgh ausgebildet oder bekamen die Möglichkeit, zu unterrichten und ihre Lehren zu verbreiten. Das offizielle Gründungsdatum der Universität war im Jahr 1582. Die Lehrtätigkeit verteilte sich zunächst auf verschiedene Gebäude und sollte im Old College zusammengefasst werden. Der Architekt war Robert Adam

Old College

(1728–1792). Er starb aber vor der Vollendung des Gebäudes, sodass Henry Playfair (1790–1857) die Fertigstellung übernahm. Um 1830 waren die Bauarbeiten abgeschlossen. Wir schlendern über den Innenhof. In einem ausgeschilderten Seiteneingang im hinteren Teil befindet sich der Aufgang zur ❷ **Talbot Rice Gallery,** einem Ausstellungsraum für moderne Kunst. In den Räumen eines ehemaligen Naturkundemuseums aus dem 19. Jahrhundert präsentiert die Universität Einzelausstellungen internationaler Künstler und konzeptionelle Gruppenausstellungen. Seien es der Brexit, Feminismus oder die Genderdebatte: Die Talbot Rice Gallery hat den Anspruch, zu aktuellen sozialen und politischen Fragen Stellung zu beziehen. Der Eintritt ist kostenfrei.

Wir kehren zum Eingang des Old College zurück. Auf der anderen Straßenseite biegen wir nun rechts in die Infirmary Street ein und finden uns schon bald vor einem unscheinbaren Hauseingang wieder. Wenig später stehen wir vor dem gewaltigen, leer gepumpten Schwimmbecken einer Schwimmhalle aus der Zeit von Queen Victoria. Die **Infirmary Street Baths** waren die ersten öffentlichen Bäder in Edinburgh, die 1885 von Robert Morham erbaut wurden.

Schwimmclubs und Badehäuser wurden in Schottland ab den 1850er-Jahren errichtet, um Waschgelegenheiten zur Verbesserung der öffentlichen Gesundheit zu schaffen. Das Schwimmbad wurde bis zum Jahr 1995 genutzt. Danach drohte der Abriss, bevor das Gebäude renoviert wurde und die 3 **Dovecot Studios** einzogen. Seitdem haben sich die alten Bäder als Kunstort, Ausstellungsraum und Künstleratelier etabliert, wobei der Schwerpunkt auf dem Weberhandwerk und auf der Textilkunst liegt.

Wir gehen eine Treppe nach oben und stehen vor einer Kunstausstellung, die entlang der Wände in der oberen Galerie angeordnet ist, von wo aus man in das nun leer gepumpte Schwimmbecken sehen kann. Die lichtdurchflutete Halle mit den großen Oberlichtern und der in Weiß gestri-

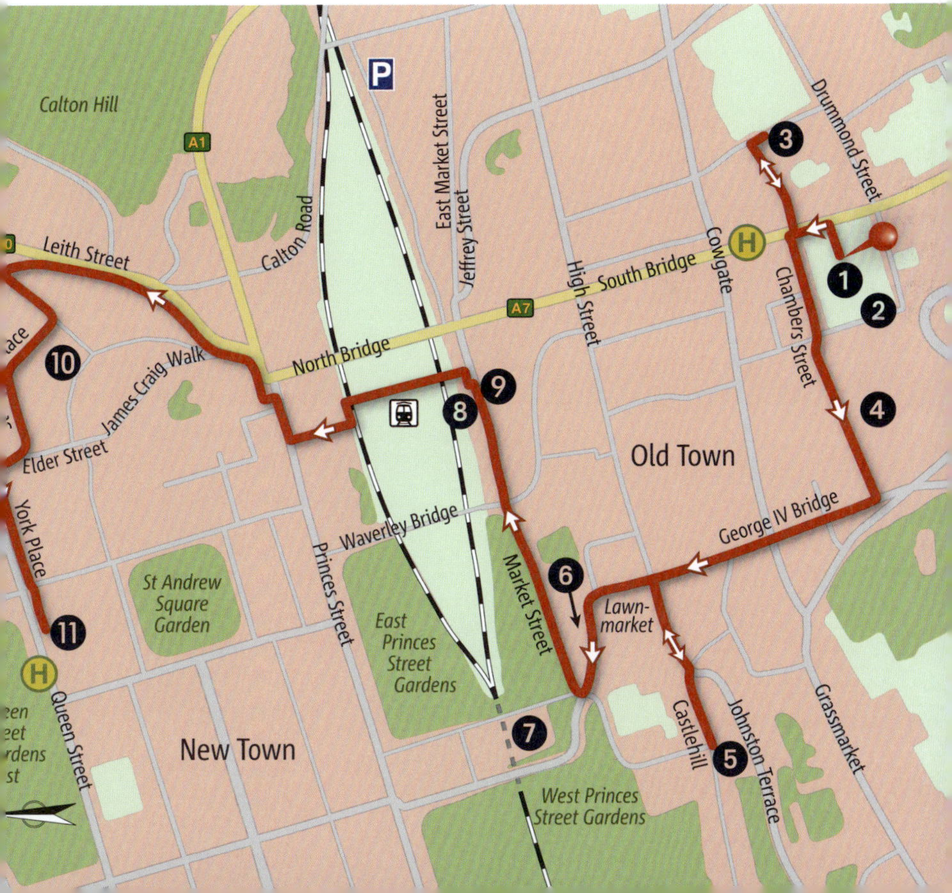

Dovecot Studios

chenen Innenausstattung ist genauso spannend wie die Bilder. Der spannendste Teil befindet sich ohnehin auf dem Grund des Beckens, wo jetzt Webstühle stehen. Die angrenzenden Regale und Arbeitstische sind mit Stoffen, weichen Materialien und Wollknäulen beladen, die in allen Farben und Nuancen zur Verfügung stehen. Dazwischen gehen die Künstler bedächtig hin und her, werfen wieder und wieder einen prüfenden Blick auf ihr Werk und tauschen sich mit anderen Künstlern aus. Zu den Studios gehören auch ein kleines **Café** sowie ein **Museumsshop.**

Wir verlassen die Dovecot Studios und laufen die Infirmary Street zurück, an deren Ende geht es rechts und dann gleich links in die Chambers Street hinein. Nach etwa 150 Metern befindet sich links der Eingang des 4 **National Museum of Scotland,** einer der Hauptsehenswürdigkeiten Edinburghs. Hier könnte man ohne Probleme einen ganzen Regentag verbringen, so umfassend ist die Sammlung. Das Museum ist auch für Familien mit Kindern aller Altersstufen geeignet und die Dauerausstellungen sind zudem kostenfrei. Es handelt sich um das wohl größte Museum Großbritanniens außerhalb von London.

Das schottische Nationalmuseum besteht aus zwei Teilen. Der ältere Teil mit der eleganten Freitreppe entstand in den Jahren 1861 bis 1864 im neoklassizistischen Stil. Der moderne Gebäudeteil hingegen ist schlicht gehalten und

DOLLY THE SHEEP

Dolly wurde vor den Toren Edinburghs geboren und ist somit eine echte Einheimische. Sie wurde als das weltweit erste geklonte Säugetier bekannt. Vor 1996, dem Geburtsjahr von Dolly, hatten Wissenschaftler geglaubt, dass Zellen, die eine bestimmte Aufgabe haben (wie eine Hautzelle oder eine Leberzelle), nur die Informationen für diese eine Aufgabe besitzen. Dolly jedoch wurde aus einer einzigen Brustdrüsenzelle gezüchtet, die alle Informationen enthielt, um ein ganz neues Schaf zu schaffen. Leiter der Forschung war der Wissenschaftler Ian Wilmut. Die Namensgeberin für Dolly the Sheep war übrigens die US-Countrysängerin Dolly Parton.

The Scotch Whisky Experience

besteht aus weißem Sandstein. Die Decke der Haupthalle wirkt wie ein weißer Rippenbogen, eine Kathedrale aus Glas. Durch die Glasdecke fällt das Sonnenlicht in die Halle, von wo aus kleine Seitenflügel, Gänge und weitere Ausstellungsräume abzweigen. Wir lassen uns durch diesen Lichtraum und dann in einen der dunkleren Seitenflügel treiben und sind bereit, uns überraschen zu lassen. Die Ausstellung ist abwechslungsreich und wir entdecken Exponate zu Themen wie Astronomie, moderne Telekommunikationsformen, Modedesign und Archäologie. Um angesichts der Fülle an Ausstellungsstücken nicht die Zeit zu vergessen, suchen wir gezielt nach einigen Exponaten, die international Schlagzeilen gemacht haben. Statt vor Gold und Geschmeide, edlen Gewändern der schottischen Könige oder aufsehenerregenden Erfindungen bleiben wir so schon kurze Zeit später vor dem Schaf Dolly stehen.

Nach dem Museumsaufenthalt gehen wir über die Straße George IV Bridge in Richtung der High Street von Edinburgh, und das hat einen besonderen Grund. Dazu wenden wir uns nach links, biegen in den Lawnmarket ab und schlendern die kurze Straße Castlehill entlang. Dort, in unmittelbarer Nähe der Burg, befindet sich das Whiskyzentrum 5 **The Scotch Whisky Experience.** Dort bleibt für Whiskyfans kein Wunsch unerfüllt. Wir schlendern an den Auslagen vorbei, überlegen, ob wir ein Whisky Tasting buchen sollen, und vergleichen zum Spaß die Preise der sehr teuren Whiskys, die das Budget für unseren Urlaub bei Weitem überschreiten.

Als wir aus diesem Whiskytempel kommen, regnet es noch immer. Daher beeilen wir uns, zu unserer nächsten Station zu laufen, dem **Mound** (auf Deutsch: Erdhaufen).

Der Mound ist die Verlängerung der Straße George IV Bridge, einer viel befahrenen Straße, die die Altstadt Edinburghs mit der darunterliegenden New Town verbindet. Sie entstand, als Bauschutt bei der Errichtung der New Town abgekippt wurde und sich daraus im Laufe der Jahrzehnte eine Zuwegung von einem Stadtteil zum nächsten entwickelte. Unser Ziel ist das 6 **Museum on the Mound** und unser dortiger Rundgang beginnt mit einer Frage: Wie sehen 1 Million Pfund in bar aus? Und: Bräuchte man einen Koffer, um so viel Geld zu transportieren? Oder zwei?

Wie sich leicht erraten lässt – im Museum on the Mound dreht sich alles ums Geld. Zu sehen sind Schottlands ältester Geldschein, rare Münzen und nicht zuletzt bekommen wir einen Tipp, wie man am besten einen Tresor knackt. Das Museum befindet sich im eleganten, seinerzeit speziell für diesen Zweck gebauten Sitz der schottischen Notenbank Bank of Scotland und ist kostenfrei zugänglich. In das gleiche Gebäude ist heutzutage auch die Zentrale der Lloyds

Museum on the Mound

Bank eingezogen. Das erinnert uns daran, dass Edinburgh schon immer ein wichtiger Standort für Banken und Versicherungen war, und daran haben auch die Finanzkrisen der jüngeren Zeit nichts geändert. Nach London ist die schottische Hauptstadt der zweite große Finanzplatz des Vereinten Königreichs und sie wurde von der Finanzkrise im Jahr 2008 besonders hart getroffen. Inzwischen sind es weniger die großen Banken, die hier ansässig sind, sondern kleinere Investmentfonds sowie Finanzdienstleister. Schottland gibt eigene Banknoten heraus, die sich vom Wert her am britischen Pfund orientieren. Üblicherweise kann man mit britischen Pfundnoten in Schottland zahlen und umgekehrt mit schottischen Pfundnoten in Großbritannien. Das gilt zumindest für die größeren Städte und Tourismuszentren im Land.

Vom Vorplatz des Museums schauen wir nach Norden in Richtung des Fördearms Firth of Forth, dessen Wasseroberfläche als kräftiges Blau gelegentlich durch die Häuserreihen blitzt. Vor uns liegen nun zwei Bauten der 7 **National Galleries of Scotland,** bei denen es sich um eine über die ganze Stadt verteilte Gruppe von Kunstmuseen handelt. Die Royal Scottish Academy und die Scottish National Gallery sind weitere Orte, an denen man gut und gerne einen

Scottish National Gallery

Princes Street Gardens

verregneten Nachmittag zubringen kann. Edinburgh trägt den Beinamen „Athen des Nordens" und allein beim Blick auf diese beiden Gebäude verstehen wir, wie die schottische Hauptstadt zu ihrem Beinamen gekommen ist. Die Gebäude wurden vom Architekten und Vertreter der Schottischen Aufklärung, William Henry Playfair, entworfen. Die **Scottish National Gallery** ist vermutlich nach Edinburgh Castle die am meisten besuchte Sehenswürdigkeit. Sie ist die Heimat der nationalen Kunstsammlung. Der Eintritt zur Dauerausstellung ist kostenfrei und wir empfinden es allein schon als Genuss, durch das schöne Gebäude zu laufen, von dem Architekt Playfair sagte: „Ein Tempel für die schönen Künste." Im Jahr 1850 legte der Ehemann von Queen Victoria, Prinz Albert, den Grundstein. Wir schlendern durch die Räume und entdecken italienische Renaissancemalerei und französischen Impressionismus, Gemälde von Degas, Monet, Renoir und Van Gogh eingeschlossen.

Vor der Nationalgalerie, direkt an der Princes Street, befindet sich die **Royal Scottish Academy** von 1826. Ein Verbindungsstück mit Zugang zu der Parkanlage **Princes Street Gardens** bringt beide Gebäude zusammen. Die Royal Scottish Academy gleicht einem antiken Tempel, verziert mit geheimnisvoll wirkenden Sphinxen. Im Inneren befinden sich unter anderem die „alten Meister“, außerdem werden Sonderausstellungen gezeigt. Die **Princes Street** ist eine Shoppingmeile, wo sich viele internationale Modemarken niedergelassen haben. Uns fällt das Firmensymbol des Kaufhauses Jenners auf, ein goldener Schriftzug hoch über unseren Köpfen. Jenners war einst eines der ersten Kaufhäuser Großbritanniens, doch ähnlich wie in anderen europäischen Städten ist auch in Edinburgh die Zeit der Kaufhäuser zu einem großen Teil vorbei. Jenners soll daher in den kommenden Jahren zu einem Ausgeh-, Hotel- und Shoppingcenter umgestaltet werden. Apropos Kaufhäuser: Am westlichen Ende der Princes Street befindet sich ein weiteres ehemaliges Kaufhaus, das in ein Besucherzentrum der Whiskymarke Johnnie Walker umgewandelt wurde. Auf den einzelnen Etagen, wo einst Kosmetik, Damenoberbekleidung und Dekoartikel verkauft wurden, kann man nun Whisky Tastings besuchen oder es sich in einer der Bars gut gehen lassen.

City Art Centre

Wir allerdings biegen in die Market Street in Richtung des Bahnhofs Waverley ein und gelangen zur 8 **Fruitmarket Gallery,** einem Zentrum für zeitgenössische schottische und internationale Kunst, das sich – wie der Name verrät – auf dem Gelände eines ehemaligen Obst- und Gemüsemarkts befindet. In den 1970er-Jahren hatten Superstars der britischen Kunstszene wie David Hockney in der Fruitmarket Gallery ihre Ausstellungen und noch immer lockt die Galerie renommierte Künstler aus dem In- und Ausland an. Auf der gegenüberliegenden Straßenseite befindet sich das 9 **City Art Centre.** Es ist in eine ehemalige Lagerhalle aus dem Jahr 1899 eingezogen. Die Ausstellungsfläche

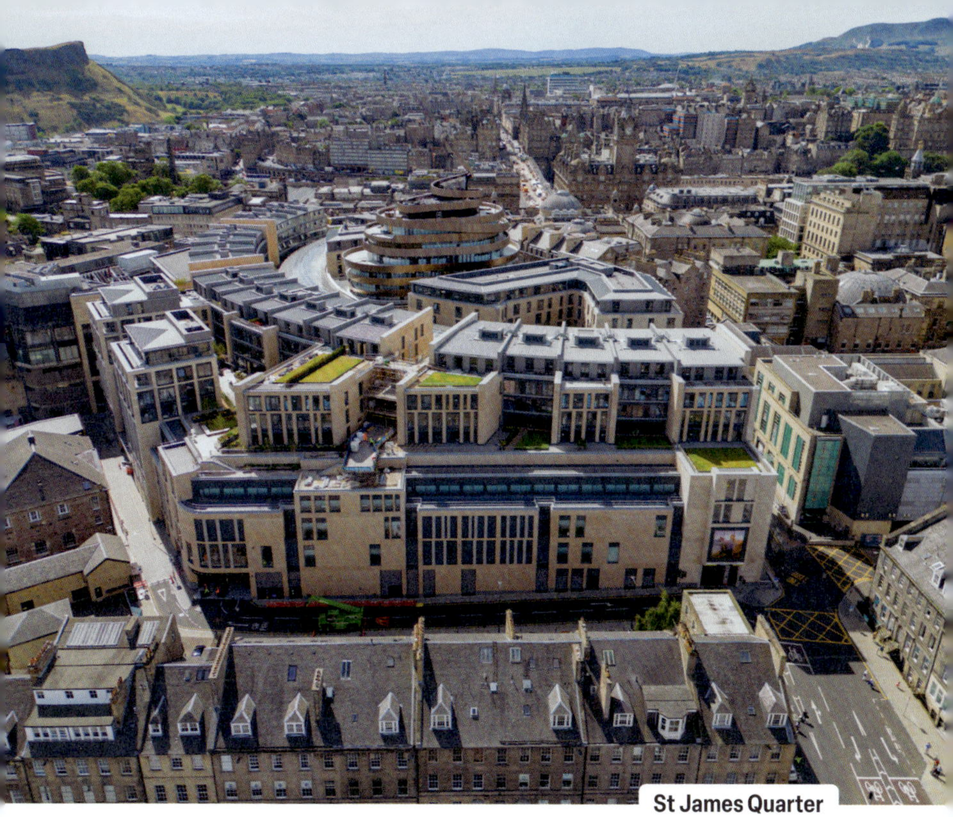

St James Quarter

zieht sich über sechs Etagen und wir sehen hier eine der besten Zusammenstellungen schottischer Kunst, die wir auf dieser Reise wohl erleben werden. Zu dem Kunstzentrum gehören auch ein Café sowie ein Museumsshop. Wir gehen von der Market Street in den Bahnhof Waverley Station, den wir durchqueren, sodass wir schon nach wenigen Minuten am anderen Ende vor dem Balmoral Hotel in der Princes Street stehen.

Vom Balmoral Hotel aus biegen wir in die Leith Street ab. Dort befindet sich **John Lewis,** das letzte noch verbliebene Kaufhaus in der Innenstadt. Im fünften Stock entdecken wir das **Kaufhausrestaurant.** Es ist gut besucht und wir müssen eine Weile nach einem Tisch suchen. Dann allerdings genießen wir bei einem Cappuccino, dessen Preis naturgemäß deutlich günstiger ausfällt als der eines Tees im Balmoral Hotel, den Blick aus der breiten Fensterfront über die Stadt und den Firth of Forth. John Lewis bildet mit der neu eröffneten Einkaufspassage **⑩ St James Quarter**

Scottish National Portrait Gallery

eine Einheit. Über mehrere Etagen verteilt, befinden sich hier Modegeschäfte, Bars und Restaurants und direkt unter dem Dach zeigt ein kleines Kino aktuelle Blockbuster. Die leuchtend bunte Innenausstattung der kleinen Kinobar kommt uns wie ein freundlicher Gruß an diesem sonst so grauen Nachmittag vor.

Vom St James Quarter aus biegen wir vom St James' Place in die Elder Street und dann links auf den York Place, der zur **Queen Street** wird, wo sich die ⓫ **Scottish National Portrait Gallery** befindet: Hier geht es um die Menschen, die in Schottland leben und die Kultur und Geschichte geprägt haben. Die roten Außenmauern heben sich farblich deutlich vom ansonsten hellen Sandstein der umliegenden Gebäude ab. Wir nehmen uns Zeit, um uns die Fassade mit den Steinschnitzereien und Statuen von Persönlichkeiten der schottischen Geschichte genauer anzusehen. Dabei entdecken wir den Freiheitskämpfer William Wallace und den König Robert the Bruce, der dem englischen König im Mittelalter eine schwere Niederlage zufügte. Das Innere des Gebäudes wurde vor einigen Jahren umfassend renoviert. Einige Porträts zeigen zeitgenössische Pop- und Filmstars wie die Schauspielerin Tilda Swinton oder Annie

Lennox von der Popband Eurythmics. Die **Büste** des schottischen Nationaldichter **Robert Burns** steht prominent in der Eingangshalle. Die Hauptattraktion ist allerdings das Museum selbst mit seiner atriumähnlichen Anordnung, geschnitzten Treppengeländern und den Fresken an den Wänden, die wilde Krieger und schöne Königinnen zeigen.

Die Tour durch die verschiedenen Stockwerke ist eine Zeitreise und eine Nachhilfestunde in schottischer Geschichte – unter anderem erfahren wir die Lebensgeschichte des schottischen Königssohns **Bonnie Prince Charlie.** Diese ist in die Geschichtsbücher eingegangen: Im Jahr 1746 wurde Schottland von London aus regiert und Bonnie Prince Charlie, der Prinz aus der schottischen Stuart-Dynastie, wollte den Thron für seine Familie zurückerobern. Ihm gelang es, viele Highland Clans auf seine Seite zu ziehen. Beim Ort Culloden kam es zur Entscheidungsschlacht, doch Bonnie Prince Charlie verlor und floh ins Exil nach Frankreich. Sein Aufstand wurde in den folgenden Jahrhunderten besungen und romantisch verklärt. Die US-Autorin Diana Gabaldon nutzte den historischen Stoff für ihre Weltbestseller „Outlander".

Wir beenden unseren Rundgang im **Museumscafé** und lassen das Erlebte noch einmal Revue passieren. Ein Porträt ist uns dabei besonders im Gedächtnis geblieben, und zwar das Gemälde des zeitgenössischen Malers Ken Currie. Es stammt aus dem Jahr 2002 und heißt „Three Oncologists". Das Bild zeigt drei Ärzte, die Anfang 2000 in der Hafenstadt Dundee arbeiteten. In der Mitte steht Sir Alfred Cuschieri, einer der Pioniere der Nadelöhrchirurgie. Der Krebsforscher Sir David Lane steht rechts, der Mediziner Robert J. Steele auf der linken Seite. Alle drei Männer werden so dargestellt, als hätten sie ihre Arbeit nur für einen Moment unterbrochen. Sie sehen blass, überarbeitet und erschreckt aus – als hätten sie bei ihrer Arbeit bis auf den Grund der Hölle menschlichen Leidens gesehen.

Nachdenklich beenden wir unseren Spaziergang. Gleich vor dem Gebäude finden wir die Bushaltestelle Dublin Street, von wo wir unseren Rückweg antreten.

9

Start: The Real Mary King's Close, 2 Warriston's Close, Edinburgh EH1 1PG
Ziel: Surgeons' Hall Museums, Nicolson Street, Edinburgh EH8 9DW
Länge: ca. 5 Kilometer
Dauer: ca. 2,5 Stunden
ÖPNV: Haltestelle South Bridge oder Bahnhof Waverley;
am Ziel: Haltestelle Surgeons' Hall
Parken: NCP Edinburgh Castle Terrace, Castle Terrace, Edinburgh EH1 2EW

UNTERWEGS ENTDECKT

1. The Real Mary King's Close
2. Richtplatz
3. Edinburgh Castle Esplanade (Burgvorplatz)
4. Grassmarket
5. Greyfriars Kirkyard
6. Greyfriars Kirk
7. Sir George Mackenzie Mausoleum
8. Hundedenkmal Bobby
9. The Anatomical Museum
10. The Meadows
11. Summerhall (Kulturzentrum)
12. Holyrood Distillery (Whiskybrennerei)
13. Surgeons' Hall Museums (Medizinmuseum)

ESSEN + TRINKEN

The Elephant House, 21 George IV Bridge, Edinburgh EH1 1EN,
Tel. +44 (1 31) 4 66 08 73, www.elephanthouse.biz
(Café und Geburtsstätte der Harry-Potter-Romane)
Maggie Dicksons, 92 Grassmarket, Edinburgh EH1 2JR,
Tel. +44 (1 31) 2 25 66 01, www.maggiedicksons.co.uk
(Traditionspub mit leckeren Fish and Chips)

DURCH DIE ALTSTADT

Gin, Geister und Ganoven

Wenn in den dunklen Wintermonaten in der Altstadt der Nebel um die mittelalterlichen Häuserecken streicht, kann man sich Edinburgh gut als Schauplatz von Fantasy- und Gruselgeschichten vorstellen. Die Stadt hat Literaten und Dichter inspiriert, doch am besten sind die Geschichten, die das wahre Leben schrieb. Sie handeln von Grabräubern, zwielichtigen Gestalten, die tagsüber achtbare Handwerksmeister gaben und nachts zu gemeinen Dieben wurden. In unserer heutigen Tour geht es um Gauner, Ganoven und Gespenster.

Auf der Royal Mile schieben sich Taxis und Doppeldeckerbusse eng aneinander vorbei, Touristen posieren fürs Selfie und ein Straßenkünstler versucht, mit lauter Musik sein Publikum anzulocken. Die Szene lädt zum Verweilen ein. Doch stattdessen steigen wir hinab in die Dunkelheit. In den Untergrund. Ein gutes Beispiel für dieses unterirdische Edinburgh ist der Startpunkt unseres Spaziergangs, 1 **The Real Mary King's Close** auf der High Street. Wo könnten sich Geister und Gespenster wohler fühlen als in mittelalterlichen Gewölben, in denen das Wasser von den Wänden tropft und außer dem fahlen Schein einer Taschenlampe kein Lichtstrahl die Dunkelheit erhellt? Bei Mary King's Close handelt es sich nicht etwa um einen Keller, sondern um ganze Straßenzüge. Sie wirken, als habe sich an dieser Stelle die Erde einfach aufgetan, die Wohnungen und Häuser verschluckt und sich anschließend wieder geschlossen, ohne eine Spur zu hinterlassen: ein Zauberkunststück wie aus einem Harry-Potter-Roman. Man fragt sich, wie die Baumeister es schafften, die High Street auf das heutige Niveau anzuheben und Platz zu schaffen für das quirlige Leben, das uns dort begegnet ist.

Wir kaufen ein Ticket und schließen uns einer geführten Tour an. Ein Blick in die leeren Stuben verrät, wie beengt und unter slumähnlichen Umständen viele Menschen in Edinburgh einst lebten. Ein derartiger Ort sorgt fast

9 DURCH DIE ALTSTADT

Deacon Brodies Tavern

zwangsläufig für Gruselgeschichten. Sie handeln an diesem Ort von Menschen, die bei lebendigem Leib eingemauert wurden, von Kranken, die man in ihrem Leid zurückließ. Sicher ist, dass wir ganz froh sind, in der Gruppe zu laufen. Allein möchte man hier nicht herumspazieren, denn wer weiß schon, wer oder was sich hinter der nächsten Ecke verbirgt ...

Von Mary King's Close aus gehen wir auf der High Street bergan in Richtung Edinburgh Castle. An der Straßenecke, wo Lawnmarket auf die George IV Bridge trifft, befindet sich links eine kleine Gedenktafel für einen **2 Richtplatz** an der Hauswand: Genau an dieser Stelle fand im Jahr 1864 die letzte öffentliche Hinrichtung in Edinburgh statt. Wir überqueren die Kreuzung und sehen rechts **Deacon Brodies Tavern.** Detailreich wird an der Außenseite des Pubs von der Lebensgeschichte des Einbrechers Deacon Brodie berichtet, der darüber hinaus als lebensgroße Puppe in einem Seitenfenster sitzt und auf die Straße sieht.

DER GAUNER DEACON BRODIE

Deacon Brodie (1741–1788) war ein angesehener Handwerkermeister, der in den besten Kreisen verkehrte. Tagsüber baute er seinen betuchten Kunden neue, verschließbare Truhen und Vitrinen und hatte dabei Gelegenheit, sich umzusehen und auszukundschaften, was es wohl zu holen gäbe. Nachts kehrte Deacon Brodie als Einbrecher zurück und knackte ebenjene Schlösser, die er tagsüber eingebaut hatte. Brodie wurde im Jahr 1788 in Edinburgh öffentlich gehängt, sein Fall schuf die Vorlage für den Weltbestseller „Der seltsame Fall des Dr. Jekyll und Mr. Hyde" von Robert Louis Stevenson.

Nach wenigen Minuten entlang Lawnmarket und Castlehill befinden wir uns auf dem ③ **Vorplatz von Edinburgh Castle.** Es wird gesagt, dass hier an manchen Tagen die Klänge eines Dudelsacks heranwehen, die wie aus dem Nichts zu kommen scheinen. Seit jeher wurde darüber spekuliert, ob es nicht einen Geheimgang gebe, der von der Burg wegführe. Angeblich wurde eines Tages tief im Inneren der Burg tatsächlich eine Art Tunnel gefunden. Nur ein Kind war klein und schmal genug, um sich durch die engen Gänge zu schieben. Als akustischer Wegweiser diente ein Dudelsack, den der Junge blasen sollte, damit die Tunnelsucher auf der Erdoberfläche den Verlauf des Ganges nachvollziehen konnten. Der Junge arbeitete sich voran, die Klänge des Dudelsacks waren zu hören, bis sie plötzlich und

Burgfelsen Edinburgh Castle

unvermutet abbrachen. Sofort wurde eine Suchaktion gestartet, doch diese war vergebens. Der Junge wurde nicht gefunden und wurde nie mehr gesehen. Nur sein Geist soll noch immer in den Mauern von Edinburgh Castle spuken.

An der nördlichen Seite des Burgvorplatzes befindet sich eine **Gedenktafel** für die Opfer der **Hexenverfolgung.** In Schottland gab es insgesamt fünf Hexenverfolgungen zwischen den Jahren 1590 und 1662. Überall im Land wurden Männer und vor allem Frauen beschuldigt, mit dem Teufel im Bund zu sein. Sie wurden angeklagt, oftmals gefoltert und anschließend ermordet. Zuletzt wurden 3837 Fälle dokumentiert. Die weitaus höheren Zahlen, die immer wieder genannt werden, beruhen hingegen auf Spekulation. Schätzungsweise ein Drittel aller Hexenprozesse fand in Lothian im weiteren Umkreis um die schottische Hauptstadt statt. Eine Hochburg der Hexenjagd war die Ortschaft Haddington in East Lothian, östlich von Edinburgh. Der bekannteste Hexenjäger Schottlands war der König selbst: James I., der Sohn von Maria Stuart. In seinem Buch „Daemonologie" aus dem Jahr 1597 veröffentlichte er quasi einen Leitfaden für die Hexenverfolgung. Vermeintliche Hexen wurden in Edinburgh von den Klippen von Edinburgh Castle gestoßen. Unterhalb des Burgfelsens befand sich im Mittelalter eine Kloake, die tief genug war, um darin zu ertrinken.

Tolbooth Kirk

Wir verlassen den Vorplatz und gehen bergab über Johnston Terrace. Zu unserer Linken liegt die **Tolbooth Kirk.** Die ehemalige Kirche wurde in ein Zentrum und eine Anlaufstelle während der Kulturfestivals im Sommer umgewidmet. Von dort führt die kleine Straße Upper Bow ab, die uns schließlich zu einer Treppe leitet, über die wir die darunterliegende Victoria Street erreichen. Mit dieser Treppe hat es seine besondere Bewandtnis. Sie folgt dem Verlauf einer nicht mehr vorhandenen Straße, die einst vom Grassmarket zur Burg hinaufführte. Davon ist heute nichts mehr zu sehen. Doch die Treppe markiert noch immer den Weg, den die Königinnen und Könige nahmen, wenn sie zum offiziellen Staatsbesuch in die Stadt Edinburgh kamen.

Grassmarket

In der Victoria Street selbst befinden sich viele Geschäfte mit hochwertiger Tweedmode, Schmuck und Andenken. Das untere Ende der Straße öffnet sich zu einer Freifläche, dem 4 **Grassmarket.** Hier herrscht im Sommer ein fast südländisches Flair. Die umliegenden Pubs haben ihre Stühle und Tische nach draußen geräumt, Einheimische mischen sich mit Touristen aus den zahlreichen umliegenden Hotels. Unter den Traditionspubs sticht einer allein wegen seines Namens heraus: der Pub **Maggie Dicksons.** Er erinnert an ein Justizdrama früherer Zeiten: Die junge Maggie war im Jahr 1724 angeklagt, ihr Baby getötet zu haben, und das Urteil für die

Greyfriars Kirkyard

vermeintliche Kindsmörderin lautete Erhängen. Also versammelte sich auf dem Grassmarket eine große Schar, um die arme Maggie am Strang zu sehen. Über ihre Schuld oder Unschuld machten sich dabei weder die breite Öffentlichkeit noch die Richter sonderlich viele Gedanken. Allein die Tatsache, dass Maggie nicht verheiratet war, sprach gegen sie. Der Henker tat seine Arbeit, die arme Maggie wurde gehängt und ihre Leiche an ihre Verwandten übergeben. Auf dem Weg zum Friedhof ließ man sich, wie damals durchaus üblich, viel Zeit. Unterwegs wurde geredet und gezecht und so geschah es, dass Maggie genügend Zeit hatte, wieder aufzuwachen. So wurde aus Maggie die „halb gehängte Maggie". Sie wurde eine lokale Berühmtheit und erreichte ein gesegnetes Alter. Der Pub ist nach ihr benannt.

Über die Candlemaker Row kommen wir zu einer der breiteren Ausfallstraßen, die von der Altstadt in Richtung Süden führen: George IV Bridge. An dieser Stelle liegt 5 **Greyfriars Kirkyard,** einer der ältesten Friedhöfe der Stadt. Ein Spaziergang entlang der aufwendig gestalteten Familiengräber in der Abenddämmerung gibt einen Eindruck von der Atmosphäre, die viele Besucherinnen und Besucher in den Bann zieht: Die jahrhundertealten Begräbnisstätten, die mit Totenköpfen und Stundengläsern verzierten

Mausoleen und die Grabsteine bleiben trotz der Lichter, die von einiger Entfernung über die Friedhofsmauer auf das Gelände fallen, im Halbschatten. Wir erfahren, dass es Franziskanermönche waren, die dem Friedhof im 15. Jahrhundert mit ihren auffälligen grauen Kutten seinen Namen gaben, als sie auf dem Gelände ein Kloster errichteten. Im Zuge der Reformation, die auch in Schottland nicht haltmachte, flohen die Mönche im Jahr 1559 in die Niederlande. Es dauerte nur wenige Jahre, bis die damalige schottische Königin Maria Stuart den Bürgerinnen und Bürgern der Stadt Edinburgh das ehemalige Klostergelände als Friedhof zur Verfügung stellte. Zeitweise wurde es auch als Gefängnis genutzt. Hunderte sogenannter Covenanters wurden gefangen gehalten und hingerichtet. Das waren protestantische Gläubige, die den Wortlaut der Bibel besonders streng auslegten. Ein Monument auf dem Friedhof erinnert an sie. Seine Historie ist ein Grund dafür, dass sich um den Greyfriars-Friedhof zahllose Spuk- und Geistergeschichten ranken.

Auf dem Friedhofsgelände befindet sich die 6 **Greyfriars Kirk,** die nach der Reformation im Jahr 1620 gebaut wurde. Hier finden regelmäßig Konzerte und andere Veran-

Greyfriars Kirk

The Elephant House

staltungen statt. An ihrer Südseite steht das (7) **Mausoleum** des berüchtigten **Sir George Mackenzie** (1636–1691). „Bloody“ Mackenzie war ein Menschenschinder, der brutal gegen Verbrecher und die Covenanters vorging. Er verfolgte sie gnadenlos und machte sich dabei Vergehen schuldig, die man heute als Verbrechen gegen die Menschlichkeit bezeichnen dürfte. Angesichts dieser Vorgeschichte ist es wenig überraschend, dass sein Mausoleum einer der bekanntesten Spukorte in Edinburgh ist. Besucher berichteten regelmäßig, sie seien aus dem Dunkel heraus angegriffen worden. Um dem Spuk – im wahrsten Sinne des Wortes – ein Ende zu bereiten, wurde das Mausoleum vor einiger Zeit für die Öffentlichkeit geschlossen und ist nicht mehr zugänglich.

Greyfriars Bobby

Tagsüber und bei Sonnenschein ist der Spuk verflogen und die Inschriften auf den Grabsteinen lesen sich vielmehr wie das Who’s who Schottlands: Zahllose bekannte Persönlichkeiten des Kultur- und Geisteslebens von Edinburgh sind auf dem Greyfriars Kirkyard bestattet. Wir lassen uns treiben, lesen die verwitterten Inschriften auf den Grabsteinen und lassen die Atmosphäre auf uns wirken. Am nördlichen Ende des Friedhofs entdecken wir das Grab des Stadtplaners James Craig, der den Stadtteil New Town entworfen hat. Auch stoßen wir auf den Namen Thomas Riddell, der im Jahr 1806 gestorben ist. Er war zu Lebzeiten nicht berühmt, sondern kam erst posthum zu Ehren: Es wird vermutet, dass die Autorin J. K. Rowling den Namen auf dem Grabstein entdeckte und für ihre Harry-Potter-Geschichte verwendete. Rowling lebt in Edinburgh und nutzte die Studentencafés der Innenstadt zum Schreiben. Das in diesem Zusammenhang bekannteste Café ist das **Elephant House** auf der George IV Bridge. Es hat sich zu einem Touristentreff für Harry-Potter-Fans entwickelt, die nicht wegen des Essens einkehren, sondern um die Geburtsstunde des Zauberschülers zu feiern. Wir wenden uns nun dem Ausgang zu und entdecken auf einem steinernen Sockel das 8 **Hundedenkmal Bobby.** 14 lange Jahre bewachte der kleine Hund das Grab seines verstorbenen Herrchens. Noch immer rührt der treue Bobby die Menschen. Manchmal legen Besucher Stöckchen auf sein Grab.

Edinburgh Medical School

Wir stehen nun vor dem **National Museum of Scotland** und wenden uns nach rechts, wo wir schon nach wenigen Metern die Unigegend von Edinburgh erreichen. Viele alte Gebäude wurden in den 1970er-Jahren abgerissen und durch Neubauten ersetzt, in denen sich heute Vorlesungssäle und die Büros von Professoren und Dozenten befinden. Das dunkelgraue Gebäude am Teviot Place erinnert an die ursprüngliche Bebauung. Sobald man durch die Toreinfahrt tritt, lässt man den Straßenlärm hinter sich. Hier sind Teile der medizinischen Fakultät, der **Edinburgh Medical School,** zu finden. In der Toreinfahrt des imposanten Sandsteingebäudes hängen noch immer schwere Steintafeln an

The Meadows

der Wand, die an die Erfolge der Ärzte aus Edinburgh erinnern. James Young Simpson (1811–1870) entdeckte in Edinburgh die Chloroform-Anästhesie. Der Pathologe John Hughes Bennett (1812–1875) beschrieb als erster Wissenschaftler seiner Zeit den Blutkrebs Leukämie. Ein Dozent der Universität erhielt sogar literarische Ehrungen: Der Mediziner Joseph Bell (1837–1911) war bei Kollegen und Studierenden bekannt für seinen Scharfsinn und seine Kombinationsgabe. Der junge Medizinstudent und spätere Schriftsteller Arthur Conan Doyle war von Bell so beeindruckt, dass er ihn als Vorlage für die Figur des Detektivs Sherlock Holmes verwendete.

Der Preis für die wissenschaftlichen Erfolge, die schottische Ärzte in Edinburgh feierten, war allerdings hoch: Leichen waren für die Forschung und Lehre unerlässlich und wegen des guten Rufs der Universität strömten immer mehr Studenten nach Edinburgh. Die Professoren, die direkt von diesen bezahlt wurden, mussten die Lehre organisieren, doch die Anzahl der zur Verfügung stehenden Leichen war streng limitiert. Das war die Stunde der Grabräuber. Nachts schlichen sie über die Friedhöfe, klauten die Leichen und verkauften diese an die Universitätsprofessoren, die keine Fragen stellten. Bis heute sind auf vielen Friedhöfen Türme und andere Einrichtungen zu sehen, von denen aus Angehörige ihre Verstorbenen bewachten. Die Serienmörder William Hare und William Burke kamen schon bald auf eine bessere Idee. Statt auf das natürliche Ableben ihrer Mitmenschen zu warten, setzten sie eine beispiellose Mordserie in Gang. Nachts schlichen sie durch die dunklen und engen Gassen der Altstadt, immer auf der Suche nach neuen Opfern. Das waren die Armen, Schwachen und die Wanderarbeiter vom Grassmarket; Menschen, die keiner vermisste und auf die niemand wartete. Die Leichen und damit jegliche Beweismittel verschwanden unter den Seziermessern der angehenden Mediziner. Es war das perfekte Verbrechen.

An der Medical School befindet sich auch das 9 **Anatomical Museum** der Universität. Dort ist unter anderem

Summerhall

das Skelett von William Burke zu sehen. Der Eingang befindet sich direkt gegenüber der Toreinfahrt in Aufgang drei. Die Öffnungszeiten des Museums sind allerdings stark eingeschränkt. Auch wir haben an diesem Tag kein Glück und biegen in einen Durchgang ein, der uns zur Grünfläche ⑩ **The Meadows** bringt. Dort sieht man sofort, wann Semesterferien sind und wann die Vorlesungen in den Fakultäten wieder begonnen haben. Die große Rasenfläche südlich der Royal Mile ist fest in Studentenhand. Hier wird abends Tennis und Fußball gespielt oder man trifft sich zum Picknick.

Am östlichen Ende stehen wir schon bald vor dem Kulturzentrum 11 **Summerhall.** Ein Hauch von Zitrone und Wacholderbeere weht von einer Ginbrennerei herüber. Irgendwoher erklingt Musik: Eine ehemalige Tierklinik hat sich zum alternativen Kulturzentrum entwickelt. In den einstigen Aufwachräumen der vierbeinigen Patienten ist die **Summerhall Distillery Pickering's Gin** eingezogen. Firmengründer Marcus Pickering entdeckte hier in einer der Schubladen ein indisches Rezept zur Herstellung von Gin aus dem Jahr 1947 und beschloss, sich mit der Gründung einer eigenen Destillerie einen Lebenstraum zu erfüllen. Sein Gin wird im gut besuchten Studentenpub **The Royal Dick** ausgeschenkt. In Summerhall gibt es außerdem noch einen Platz für Kunst- und Designausstellungen.

Über die viel befahrene Clerk Street gehen wir in Richtung Innenstadt zurück. Zu unserer Rechten taucht zwischen den Häuserzeilen die Silhouette des Stadtbergs Arthur's Seat auf. Wir biegen nach rechts in die Rankeillor Street und von dort leicht rechts in die St Leonard's Lane ab, wo sich die Whiskybrennerei 12 **Holyrood Distillery** angesiedelt hat. Bei einer geführten Tour durch die Produktion erfahren wir mehr über das Whiskymachen in Schottland. Nach dem Destilleriebesuch kehren wir auf die Clerk Street zurück und folgen ihrem Verlauf, bis wir kurze Zeit später vor den 13 **Surgeons' Hall Museums** in der Nicolson Street stehen. Die Surgeons' Hall verfügt über eine Vielzahl von Präparaten, chirurgischen Geräten sowie anatomischen Modellen und erzählt die Geschichte der Medizin. Wechselnde Ausstellungen zu Forensik oder Zahnmedizin präsentieren die medizinische Praxis in Schottland. Gleich vor dem Gebäude befindet sich eine Bushaltestelle.

10

Start: St Andrew Square, Edinburgh EH1 3DQ
Ziel: Dynamic Earth, Holyrood Road, Edinburgh EH8 8AS
Länge: ca. 5,5 Kilometer
Dauer: ca. 2 Stunden
ÖPNV: Haltestelle St Andrew Square; am Ziel: Haltestelle Dynamic Earth
Parken: St James Quarter Car Park, St James' Place, Edinburgh EH1 3BP

UNTERWEGS ENTDECKT

1. St Andrew Square
2. Melville Monument
3. Albany Street
4. Royal Circus
5. Assembly Rooms
6. Scott Monument
7. The Writers' Museum
8. Statue David Hume
9. Statue Adam Smith
10. St Cecilia's Hall (Konzerthalle)
11. Dynamic Earth (Geologiemuseum)

ESSEN + TRINKEN

The Cumberland Bar, 1–3 Cumberland Street, Edinburgh EH3 6RT, Tel. +44 (1 31) 5 58 31 34, www.cumberlandbar.co.uk („der" Biergarten in der New Town)

The Storytelling Café, 43–45 High Street, Edinburgh EH1 1SR, Tel. +44 (1 31) 5 56 95 79, www.scottishstorytellingcentre.com (gutes Preis-Leistungs-Verhältnis in interessanter Atmosphäre)

EDINBURGHS NEW TOWN

Orte der Schottischen Aufklärung

Zahllose kluge Menschen haben in Edinburgh gelebt und gearbeitet. Während des Zeitalters der Aufklärung war Edinburgh ein europaweit anerkanntes Zentrum für Menschen mit scharfem Verstand. Kunst, Mathematik und Architektur: Künstler erhielten ein liberales Umfeld für ihre Arbeit, Wissenschaftler der unterschiedlichsten Disziplinen fanden in Schottland die besten Bedingungen für ihre Forschung. Die berühmten Männer und Frauen des Scottish Enlightenment prägen die Stadt bis zum heutigen Tag.

Um eine Grünfläche gruppieren sich Bars und Restaurants. In eine mehrstöckige Passage aus Glas und Stahl sind die Filialen internationaler Modeunternehmen eingezogen, ohne Frage: Der Platz 1 **St Andrew Square** ist das urbane Zentrum des Stadtteils New Town. Am östlichen Ende der Grünanlage befindet sich das Luxuskaufhaus Harvey Nichols. Nicht weit davon entfernt lockt die mehrstöckige Einkaufspassage St James Quarter. An diesem Platz beginnen wir unseren Streifzug, der uns zu Orten der Schottischen Aufklärung führen wird. Dabei ging es hier nicht immer so urban zu. Wo nun der Autoverkehr braust, befanden sich früher Wiesen und Felder. St Andrew Square und der angrenzende Stadtteil New Town sind vielmehr das Ergebnis eines gewaltigen Kraftaktes, mit dem die gebildete Mittelschicht Edinburghs das dunkle Mittelalter hinter sich ließ und sich stattdessen neuen Ideen über Religion und Gesellschaft sowie den Wissenschaften zuwandte. Neue, elegante Straßenzüge mit klassizistischen Fassaden entstanden. Es wurden Lesungen und Diskussionsrunden veranstaltet. Man stand in regem Austausch mit Geistesgrößen in Europa und lud sich die Welt nach Hause ein. Nichts war zu neu, zu radikal oder schlicht zu erstaunlich, um nicht geäußert zu werden. Dieses Zeitalter des Scottish Enlightenment hat unsere Sicht auf die heutige Welt entscheidend geprägt.

10 EDINBURGHS NEW TOWN

Melville Monument

Auf dem St Andrew Square, dessen Name auf den heiligen Andreas zurückgeht, sehen wir uns die Säule ② **Melville Monument** an. Sie erinnert an den Politiker Henry Dundas, den 1. Viscount Melville (1742–1811). Er war einer der einflussreichsten Politiker seiner Zeit und erhielt als solcher den Beinamen „Schottlands Chefmanager". So schuf er das politische Fundament, auf dem sich die schottische Aufklärungsbewegung etablieren konnte. Dennoch sind Henry Dundas und das Denkmal zu seinen Ehren in der Vergangenheit zeitweise in Verruf geraten. Das hat mit seiner Haltung zum Sklavenhandel zu tun, der damals weit verbreitet war. Dundas hatte sich als Politiker zwar gegen den Sklavenhandel positioniert und arbeitete an dessen Abschaffung, doch er war auch ein Pragmatiker und befürwortete ein graduelles Ende statt eines Verbots mit sofortiger Wirkung. Das wird ihm von seinen heutigen Kritikern vorgeworfen.

Am nördlichen Ende von St Andrew Square wenden wir uns nach links, überqueren die viel befahrene Queen Street und folgen dann dem Straßenverlauf der Dublin Street. So bewegen wir uns nun in die **New Town** hinein. Was uns sofort auffällt, ist die Weite, der unverstellte Blick auf das blaue Wasser des Fördearms Firth of Forth und die dahinter am anderen Ufer liegende Grafschaft Fife: Die New Town sollte kein Ort sein, der einengt und die Sicht auf die Dinge klein hält. Menschen, Ideen und Gedanken sollten von hier aus aufbrechen und auf die Reise gehen können. Man wollte offen sein für alles, was es jenseits des Wassers, jenseits der Berge und in fremden Ländern zu entdecken gab. Ein Beispiel dafür, wie die Bürgerinnen und Bürger von Edinburgh diesen Anspruch umsetzten, ist die 3 **Albany Street.** Sie biegt rechts von der Dublin Street ab. Diese Straße unterscheidet sich auf den ersten Blick nicht von den umliegenden Straßenzügen, doch die zahlreichen prominenten Besucher und Bewohner, die hier ein- und ausgingen, sind besonders gut dokumentiert und ein Beleg für das kulturelle Leben der New Town im späten 18. und 19. Jahrhundert: Die Albany Street entstand von 1802 bis 1819. Im Haus mit der Nummer 11 verkehrte der schottische Schriftsteller Sir Walter Scott. Nur wenige Häuser weiter bei der Hausnummer 19 lebte der Anwalt und passionierte Musikkenner George Hogarth, der im Jahr 1829 den jungen Berliner Komponisten Felix Mendelssohn-Bartholdy als Gast bei sich empfing. Eine Nachbarin war die junge Catherine

Straßenzug New Town

Hogarth, die später den Schriftsteller Charles Dickens heiratete und in London lebte.

Albany Street steht damit beispielhaft für ein liberales, kulturelles Klima, das sich die Bürger Edinburghs mit einem neuen Stadtteil schufen. Gemeinsam mit der Altstadt formt die New Town heutzutage die Innenstadt von Edinburgh. Sie ist wie eine Herzkammer, deren Pulsschlag bis weit über die Stadtgrenzen hinaus zu spüren ist, und das nicht nur im Sommer zur Festivalzeit. Der Verbund aus Old Town und New Town zählt zum UNESCO-Weltkulturerbe.

Zu den Besonderheiten der New Town gehören die **Gärten,** die jeweils von den Bewohnern der umliegenden Häuser verwaltet und instand gehalten werden. Sie sind für die breite Öffentlichkeit nur an ausgewählten Tagen zugänglich und werden die überwiegende Zeit von den *key holdern* genutzt, wie die Bewohner der Nachbarschaft heißen, die einen Schlüssel haben. Unser Weg führt von der Albany Street am größten Garten der New Town, den **Queen Street Gardens,** entlang bis zur Howe Street. Auf dem

Weg dorthin kommen wir an der Heriot Row mit der Hausnummer 17 vorbei, dem Elternhaus des Schriftstellers Robert Louis Stevenson („Die Schatzinsel"). Wir biegen nach rechts in die Howe Street und dann nach links in den South East Circus Place. Schließlich erreichen wir 4 **Royal Circus –** eine Besonderheit im gesamten Vereinten Königreich: eine kreisrunde Wohnanlage mit Grünflächen in der Mitte, die von Fassaden mit klassizistischen Elementen eingerahmt werden. Royal Circus und der unweit entfernte Moray Place waren gewissenmaßen die Vorzeigeprojekte des Stadtplaners James Craig, der den Grundriss für die New Town anlegte. Sie könnten sich im großbritannienweiten Vergleich mit dem berühmten Circus der englischen Stadt Bath messen, der ähnlich ausgestattet ist und der Craig vermutlich zu dem Straßendesign in Edinburgh inspirierte. Die Gebäude selbst wurden vom Architekten William Playfair entworfen, einem der bekanntesten Vertreter der Schottischen Aufklärung.

Wir gehen nun die **India Street** hinauf und entdecken an einer Hauswand eine **Gedenkplakette:** Im Haus mit der

Garten New Town

Hausnummer 14 lebte der Erfinder Clerk Maxwell (1831–1879). Er war einer der vielseitigsten und bedeutendsten Physiker des 19. Jahrhunderts. Unter anderem entwickelte er in Anknüpfung an die Arbeiten von Michael Faraday (1791–1867) eine Theorie der elektromagnetischen Felder. Mithilfe der Mathematik konnte er nachweisen, dass die Saturnringe aus Wolken winziger Teilchen bestehen müssen. Diese Deutung wurde später bestätigt. In dem Haus befindet sich ein kleines Museum, das komplett von freiwilligen Helfern betrieben wird und daher nur an wenigen Tagen im Jahr beziehungsweise auf Anfrage geöffnet ist.

Am westlichen Ende der Queen Street Gardens laufen wir bergan durch die kleine Straße Wemyss Place bis zur Queen Street. Hier biegen wir nach rechts ab und von dort nach links in die North Charlotte Street. Zu unserer Rechten taucht eine kleine Grünfläche auf, **Charlotte Square Gardens.** Sie ist Teil eines städtebaulichen Plans und wurde so

Statue Prinz Albert

Bute House

angelegt, dass sie St Andrew Square am anderen Ende der George Street spiegelt. In der Mitte des Parks, der nicht öffentlich zugänglich ist, steht eine **Statue von Prinz Albert.** Das Haus Nummer 6 ist das sogenannte **Bute House,** das aus dem 18. Jahrhundert stammt. Es ist die offizielle Residenz des Regierungschefs, des First Minister of Scotland, und wird für Kabinettssitzungen, den Empfang wichtiger Besucher und andere Regierungsgeschäfte genutzt. Auch bietet es dem Regierungschef beziehungsweise der -chefin Schottlands einen Sitz in Edinburgh – vergleichbar mit der Downing Street Nummer 10 in London.

Gleich neben dem Regierungssitz in Nummer 7 befindet sich ein kleines Museum, das **Georgian House.** Wir spazieren durch die renovierten Räumlichkeiten und stellen uns vor, wie eine gut situierte Familie im 18. Jahrhundert in Edinburgh gelebt hat. Dieses Haus erwarb John Lamont, der 18. Chief des schottischen Clans Lamont. Wir gehen durch die Räume mit den hohen, mit Stuck verzierten Decken und an den offenen Kaminen vorbei. An dem gedeckten, mit

Kerzen geschmückten Esstisch saßen schottische Dichter und Maler wie Allan Ramsay oder Henry Raeburn. In den späten 1700er-Jahren befand sich das Stadthaus im Herzen von Edinburghs New Town. Es wurde vom schottischen Architekten Robert Adam entworfen und war ohne Zweifel ein eindrucksvolles Statement für die Ära der Aufklärung – für diejenigen, die es sich leisten konnten.

Wir verlassen den Sitz des Lamont-Clans und stehen kurz darauf am westlichen Ende der George Street. Hier befinden sich viele angesagte Bars und Restaurants sowie zahlreiche Modegeschäfte, die sich vom Angebot und von den Preisen auf die eher gehobene Nachbarschaft und das gutbürgerliche Milieu eingestellt haben. In das imposante Gebäude mit der Hausnummer 22 ist die **Royal Society of Edinburgh** eingezogen. In diesem Wissenschaftsclub sind die führenden Forscher und Experten Schottlands unter sich. Es muss aber gesagt werden, dass die Royal Society in Edinburgh nicht an den Ruf der weitaus größeren Royal Society in London heranreicht. Wenige Meter davon entfernt befindet sich die Hausnummer 54, die 5 **Assembly Rooms** aus dem Jahr 1783. Sie waren zu jener Zeit so etwas wie der Dreh- und Angelpunkt des sozialen Lebens in Edin-

Assembly Rooms

burgh. Schriftsteller wie Charles Dickens und Sir Walter Scott haben hier aus ihren Büchern vorgelesen. In der Festivalzeit im Sommer finden in den Assembly Rooms noch immer Konzerte und andere Veranstaltungen statt. Und wenn es im September wieder ruhiger wird, dann treffen sich die Geschäftsleute aus den umliegenden Büros der Innenstadt in den Räumlichkeiten zum Feierabendbier. In der George Street Nummer 84 befindet sich außerdem die **Leuchtturmbehörde Schottlands.** Rund 200 Türme werden von hier gesteuert, denn die Zeit der bemannten Leuchttürme ist längst vorbei. Das Haus ist nicht öffentlich zugänglich. Die Leuchttürme an der schottischen Küste wurden übrigens über Generationen hinweg von nur einer Familie gebaut, den „Lighthouse Stevensons", bei dessen jüngstem Mitglied es sich um den bekannten Schriftsteller der „Schatzinsel" handelt. Wegen ihres unverwechselbaren Designs sind die Stevenson-Leuchttürme beliebte Fotomotive.

Scott Monument

Über die Hanover Street geht es zur Princes Street, mit der wir 6 **Scott Monument** erreichen. Dieses erinnert uns von der Form her an eine Rakete, die an der Princes Street nur noch auf den Countdown wartet, bevor sie ins All abhebt. Das Denkmal aus dem Jahr 1844 ist Sir Walter Scott (1771–1832) gewidmet, einem Bestsellerautor seiner Zeit und Superstar der damaligen Literaturszene. Scott gilt unter Literaturwissenschaftlern als der Erfinder des Historienromans. Wir steigen die 287 Stufen im Inneren bis zum Aussichtspunkt

The Writers' Museum

nach oben und genießen von dort den Blick auf Edinburgh Castle und die Parkanlage Princes Street Gardens.

Es geht nun wieder die Stufen hinab und im Anschluss führt uns der Weg am Bahnhof Waverley vorbei. Unsere nächste Station ist das Literaturmuseum 7 **The Writers' Museum** in der Gasse Lady Stair's Close. Es befindet sich in einer Seitenstraße in der Altstadt und ist über mehrere Etagen hinweg den Literaten Sir Walter Scott, Robert Louis Stevenson und dem schottischen Nationaldichter Robert Burns gewidmet.

Wir treten durch einen der engen Gänge, die vom Lawnmarket abgehen, und befinden uns nun in der Altstadt. Dort reihen wir uns in den Strom der Touristen ein. An prominenter Stelle entdecken wir nach wenigen Minuten die 8 **Statue David Hume,** eine der zentralen Personen der Schottischen Aufklärung. Der Philosoph David Hume (1711–1776) wurde in Edinburgh geboren und liegt dort auch begraben. Er studierte an der Universität Jura und schrieb Essays und Bücher. Mit seinem freien Denken und seiner ablehnenden Haltung der Religion gegenüber missfiel er

AULD LANG SYNE UND DIE BURNS NIGHT

„Should auld acquaintance be forgot, / And never brought to mind? / Should auld acquaintance be forgot, / And auld lang syne?" Diesen Liedtext und die passende Melodie kennen Millionen Menschen auf der ganzen Welt. Er gehört zum Standardprogramm der Burns Night, die alljährlich am 25. Januar gefeiert wird. Die Schotten lassen sich in der Regel nicht zweimal bitten, wenn es um ein zünftiges Burns Supper geht. Sie treffen sich dazu, je nach persönlichem Geschmack, in rustikalen Pubs, zu Hause oder in edlen Restaurants und essen Haggis, die Nationalspeise aus Lamminnereien und Haferflocken. Serviert werden außerdem die sogenannten Neeps und Tatties, Kartoffelmus und Steckrüben. Der Abend folgt einem festen Ablauf: Dazu gehören unter anderem das Tischgebet („The Selkirk Grace") und die Ode an den Haggis („Address To a Haggis"). Dann halten die Männer eine Rede auf die Frauen („Toast to the Lassies") und die Frauen halten eine Rede auf die Männer („Reply to the Laddies").

10 EDINBURGHS NEW TOWN

Statue David Hume

vor allem der Kirche und es hieß zu seinen Lebzeiten, er sei mit dem Teufel im Bunde. Doch anders als im Mittelalter konnten missliebige Menschen im Zeitalter der Aufklärung nicht mehr verfolgt und auf dem Scheiterhaufen verbrannt werden. Einige Anhänger nahmen die Gerüchte um Hume so wörtlich, dass sie sogar eine Woche nach der Beerdigung Wache an seinem Grab hielten für den Fall, dass der Teufel doch noch erscheinen sollte. Humes bedeutsamstes Werk ist „A Treatise of Human Nature", in dem er über das menschliche Denken schreibt.

Über das Kopfsteinpflaster gehen wir langsam die Straße hinunter und schauen an den Häusern hoch, von denen einige aus dem 17. Jahrhundert stammen. Wir passieren die 9 **Statue Adam Smith** und folgen nun dem Verlauf der High Street. Adam Smith (1723–1790), Mathematiker und Ökonom, wurde im schottischen Kirkcaldy geboren und begann sein Studium bereits im Alter von 14 Jahren. Sein bekanntestes Werk ist „Der Wohlstand der Nationen" aus dem Jahr 1776. Es machte ihn zum Begründer der modernen Nationalökonomie. Das Buch stellt die Grundzüge eines freiheitlichen Kapitalismus vor, wobei oft übersehen wird, dass Smith sich auch durchaus kritisch zu einer unregulierten Wirtschaftsordnung geäußert hat.

In einer Seitenstraße der High Street, der Niddry Street, kommen wir nun zur Konzerthalle 10 **St Cecilia's Hall,** einem einzigartigen Musikmuseum und einem der ältesten Konzertsäle der Welt. Es ist das zweitälteste, speziell für diesen Zweck gebaute Konzerthaus Großbritanniens (nach dem Holywell Music Room in Oxford). Der Name leitet sich von der Schutzheiligen der Musiker ab, Cäcilie. Besucherinnen und Besucher können die dortigen Instrumente nicht nur anschauen, sondern auch ihren Klang hören, denn in St ecilia's Hall finden noch immer regelmäßig Konzerte statt. Der Konzertsaal stammt aus dem Jahr 1763, als sich eine Gruppe ambitionierter Amateurmusiker zusammen-

Statue Adam Smith

fand. Das Publikum saß dicht gedrängt, wie in einem Hörsaal, bis unter das Dach auf Holzrängen. Die Herren wurden gebeten, wegen der Enge Degen und Säbel daheimzulassen. Doch der Erfolg hielt nicht lange an. Wenige Jahrzehnte später begann unterhalb von Edinburgh Castle der Bau der New Town. Die betuchten Bürger der Stadt wollten danach nicht länger durch die engen, dunklen Gassen der mittelalterlichen Old Town zu den Konzerten laufen und St Cecilia's Hall geriet in Vergessenheit.

Nach dieser kleinen Einführung in die Musikgeschichte Edinburghs kehren wir auf die High Street zurück, bis wir den Pub **The World's End** erreichen. Dort biegen wir rechts in die St Mary's Street ein und folgen anschließend dem Verlauf der Holyrood Road, bis wir vor uns ein Gebäude sehen, das aussieht wie ein Stachelschwein. Die markante Architektur mit stachelartigen Aufbauten auf einem Runddach gehört zum Geologiemuseum ⑪ **Dynamic Earth.** Es erinnert an James Hutton, den Urvater der Geologie und einen der zentralen Vertreter der Schottischen Aufklärung. Das Modell eines gewaltigen Säbelzahntigers bewacht den Eingang zu einer Ausstellung über die Anfänge unserer Erde. Mit einem Fahrstuhl geht es nach unten, scheinbar durch die verschiedenen Erdschichten bis zum Zentrum unseres Planeten. Dort erleben wir die Simulation eines Erdbebens und lernen anschließend in den verschiedenen Abschnitten der Ausstellung, wie unsere Welt entstand. Das Gebäude selbst wurde zwischen den Jahren 1997 und 1999 auf dem Gelände einer ehemaligen Brauerei am Fuße von Arthur's Seat erbaut. Das Museum soll ein Gespür für die Kraft der Vulkane vermitteln, die die Landschaft rund um Edinburgh einst formten.

Nachdem wir auf diese Weise Jahrmillionen durchmessen haben, die Bildung von Wüsten und Urwäldern miterlebt haben und Dinosauriern und den ersten Säugetieren begegnet sind, haben wir uns eine Pause verdient. Im **Café des Museums** lassen wird diesen Rundgang ausklingen. Verschiedene Busse vor dem Eingang des Museums bringen uns zurück in die New Town.

Dynamic Earth

11

Start: Cramond Kirk, Cramond Glebe Road, Edinburgh EH4 6NS
Ziel: Auld Cramond Brig, Edinburgh EH4 6DP
Länge: ca. 6 Kilometer
Dauer: ca. 2,5 Stunden
ÖPNV: Haltestelle Cramond Glebe Road; am Ziel: Haltestelle Cramond Brig
Parken: Parkplatz an der Cramond Kirk

UNTERWEGS ENTDECKT

1. Cramond Kirk
2. Cramond Roman Fort
3. Cramond Promenade
4. Cramond Island (Gezeiteninsel)
5. Cramond Marina (Hafen)
6. River Almond
7. Cockle Mill
8. Fair a Far Mill
9. Auld Cramond Brig

ESSEN + TRINKEN

The Cramond Inn, 30 Cramond Glebe Road, Edinburgh EH4 6NP, Tel. +44 (1 31) 3 36 20 35 (Traditionspub aus dem 18. Jahrhundert)

Cramond Bistro, 4–5 Riverside, Edinburgh EH4 6NY, Tel. +44 (1 31) 3 12 65 55 (Café in schöner Lage am Wasser)

CRAMOND & CRAMOND ISLAND

Auf den Spuren der Römer

Die alten Römer kamen bis nach Schottland – und bauten im Stadtteil Cramond eine Festung, deren Grundmauern erhalten geblieben sind. Eine breite Uferpromenade lädt zum Flanieren ein und der kleine Fluss Almond bietet so manches schöne Fotomotiv. Das größte Geheimnis von Cramond liegt allerdings unter der Wasseroberfläche: Bei Ebbe weicht die Förde Firth of Forth zurück und gibt den Weg frei für einen Abstecher zur Gezeiteninsel Cramond Island. Heutzutage ist Cramond ein beliebtes Ausflugsziel.

Malerische Cottages. Die schmale Straße fällt in Richtung des Meeresarmes Firth of Forth steil bergab. Über uns kreisen die Möwen und lassen ihr Geschrei vernehmen. Unser heutiger Spaziergang hat uns nach Cramond geführt, in einen Vorort von Edinburgh, in den sich nur wenige Besucher der schottischen Hauptstadt verirren. Dabei dauert die Fahrt mit dem Auto von der Innenstadt nach Cramond weniger als eine halbe Stunde. Wir beginnen unseren Streifzug an der 1 **Cramond Kirk.** Sie stammt aus dem 12. Jahrhundert,

Cramond Kirk

11 CRAMOND & CRAMOND ISLAND

Römische Fundamente

DIE RÖMISCHE INVASION

Julius Cäsar unternahm in den Jahren 55 und 54 vor Christus einen ersten Anlauf für eine Invasion der Britischen Inseln. Danach dauerte es weitere rund 100 Jahre, bis England zu einer römischen Provinz geworden war. Doch die Eroberung Englands und weiterer Teile von Wales weckte neue Begehrlichkeiten und im Jahr 79 nach Christus machten sich 20.000 Legionäre auf den Weg nach Schottland, begleitet von einer Flotte, die von der Seeseite für Nachschub sorgen sollte. Die Römer haben in Schottland vielfach Zeugnisse hinterlassen. Das bekannteste ist der Antoninuswall. Diese Grenzbefestigung wurde auf Befehl von Kaiser Antoninus Pius um 140 nach Christus gebaut und verlief auf einer Länge von 60 Kilometern, grob gesprochen auf der Höhe zwischen Edinburgh und Glasgow. Cramond wurde als Basis- und Versorgungslager für die Legionen genutzt. Später wurden viele römische Wehranlagen zur Keimzelle dörflicher Siedlungen.

geht vermutlich aber auf einen deutlich früheren Bau aus dem 6. Jahrhundert zurück. Das **Pförtnerhäuschen** am Eingang wurde ursprünglich von den Angehörigen jüngst Verstorbener genutzt, die dort ausharrten, um zu verhindern, dass die Leichen von Grabräubern, den sogenannten *body snatchers,* gestohlen und für viel Geld der Universität für deren medizinische Forschung angeboten wurden.

Wir gehen über den Friedhof und lesen die Namen auf den Gedenksteinen. Das älteste Grab, das wir entdecken können, stammt aus dem Jahr 1608. Auffällig für einen christlichen Friedhof sind die drei Darstellungen der sogenannten Green Men. Das sind Motive von mit Blättern und Weinlaub umkränzten Gesichtern, die man gelegentlich in schottischen Kirchen antrifft. Die Darstellungen haben

möglicherweise einen römischen, heidnischen Ursprung. Cramond Kirk liegt malerisch, umringt von verwitterten Grabsteinen und alten Bäumen. Doch ihr wahres Geheimnis offenbart die Kirche erst, wenn man ihre Rückseite betrachtet.

Dort liegen die rund 2000 Jahre alten Fundamente einer römischen Festung, die Überreste des 2 **Cramond Roman Fort.** Cramond war wegen seiner Lage am Wasser schon früh ein bedeutender militärischer Stützpunkt, Fischereihafen und Handelsort. Die römische Festung war außerdem ein strategisch wichtiger Standort, mit dem sich die Einfahrt in die Förde Firth of Forth überwachen ließ. Eine Hinweistafel zeigt eine Rekonstruktion der Festungsanlage, die einen beachtlichen Umfang hatte: Lagerhäuser, Schlafstätten und die Unterkünfte der Offiziere nahmen einen nicht unwesentlichen Platz ein. Wir lassen uns etwas Zeit, in Gedanken die gezeichnete Rekonstruktion über die Ausgrabungsstelle zu legen, die sich zu unseren Füßen befindet, um auf diese Weise einen Eindruck von den römischen Bauten zu erhalten.

Wir steigen über die Reste einer **Umfassungsmauer** und schauen uns die Fundamente einzelner Gebäude an. Am Rande des Kirchengeländes in Richtung der Förde befindet sich zwischen dem Gestrüpp eine nicht gekennzeichnete, grasüberwachsene Stelle. Hier fanden Wissenschaftler die Schalen von Haselnüssen, die Menschen vor über 10.000 Jahren an dieser Stelle verspeist haben. Die Fundstelle ist damit einer der ältesten Belege für menschliche Aktivität in Schottland. Der Name Cramond stammt vermutlich von keltischen Stämmen, die einst in der Region lebten. *Caer Amon* wird übersetzt mit „Festung am Fluss".

Wir verlassen das Kirchengelände und folgen dem Verlauf der Straße Cramond Glebe Road bis zum Wasser. Nach nur wenigen Gehminuten erreichen wir 3 **Cramond Promenade.** Kinder stehen vor einem Wägelchen in der Schlange, aus dessen offenem Fenster heraus Eiscreme verkauft wird. Radfahrer nutzen den breiten Gehstreifen, um in einem großen Bogen um die zahlreichen Spaziergän-

ger herumzufahren, die mal mit und mal ohne Hund unterwegs sind. Bevor die Billigflieger erfunden waren und die Einwohner von Edinburgh in das nächste Flugzeug Richtung Süden steigen konnten, war der Strand bei Cramond ein beliebtes Reise- und Ausflugsziel. Bei schönem Wetter rollen noch immer Dutzende Strandbesucher ihre Strandmatten aus und einige Mutige wagen sogar den Sprung ins kalte Wasser der Förde.

Die Förde fließt grau und gemächlich an Cramond vorbei. Es ist Ebbe. Das Wasser hat sich zurückgezogen und ist erst in einiger Entfernung zu sehen. Auf dem nassen Boden unterhalb der Promenadenmauer liegt bunter Seetang zwischen silberfarbenen Pfützen. Im Schlick und Schlamm fühlen sich die Watvögel wohl. Nach wenigen Minuten wird uns klar, warum die Promenade so gut besucht ist, denn Cramond wird gerade zum Schauplatz eines besonderen Spektakels, das sich in schöner Regelmäßigkeit wiederholt: Das abziehende Wasser hinterlässt einen befestigten Pfad, der wie durch Zauberhand unter der Wasseroberfläche auftaucht. Sobald das Wasser abgeflossen ist, gelangt

Weg nach Cramond Island

man auf diesem Weg trockenen Fußes bis zur Gezeiteninsel 4 **Cramond Island.**

Diese Gelegenheit lassen wir uns natürlich nicht entgehen und machen uns auf den rund 15-minütigen Weg zur Insel Cramond. Eine Hinweistafel informiert über den Tidenhub und die Gezeiten und bittet darum, die angegeben Zeiten ernst zu nehmen. Jetzt, auf dem Höhepunkt der Ebbe, ist kaum vorstellbar, dass diese gewaltige Beton- und Metallkonstruktion, über die unser Weg führt, schon in wenigen Stunden komplett überflutet sein wird. Cramond Island selbst hat wenig Reiz. Es ist vielmehr das besondere Erlebnis, verbunden mit einem leichten Nervenkitzel, das uns dorthin lockt: Denn bei Flut ist der Weg zur Insel versperrt. Über ihre Geschichte ist wenig bekannt. Möglicherweise gab es von dort aus Kontakte zu einem Kloster auf der nahe gelegenen Insel Inchcolm. Dieses Kloster im Firth of Forth ist als Ruine erhalten und wird regelmäßig von Ausflugsbooten angesteuert. Weiterhin wird spekuliert, dass es auf Cramond Island möglicherweise eine alte keltische Siedlung gegeben haben könnte.

Wir kehren zur Promenade zurück. Dort liegen Segelboote im kleinen Hafen 5 **Cramond Marina** trocken. Die Boote einiger Kajakfahrer hingegen sind so flach, dass diese etwas weiter draußen ihre Kreise ziehen. Vor dem kleinen **Hafencafé** sitzen die Gäste in der Sonne und trinken Tee und Latte macchiato. An dieser Stelle mündet der 6 **River Almond** in die Förde. Der Name hat nichts mit dem englischen Wort *almond* für Mandel zu tun. Er leitet sich vielmehr von einem keltischen Wort für Fluss ab. Am Ufer verläuft der **River Almond Walkway,** ein ruhig gelegener Spazierweg, der vom Plätschern des Wassers begleitet wird. Der Weg beginnt an der Promenade und die erste Station ist der lokale Segelverein. Die gegenüberliegende Uferseite scheint dabei zum Greifen nah zu sein und die Fahrt über den Fluss Almond war früher wohl in der Tat die kürzeste Überfahrt einer Fähre in Schottland.

Wir gehen ein Stück am Flussufer entlang, genießen die entspannte Atmosphäre eines Sommertags und fragen uns gleichzeitig, welche Entdeckung als Nächstes auf uns wartet. Ein Hinweisschild verweist noch einmal auf das römische Erbe Cramonds. Es erinnert an einen bedeutenden Fund, der vor einigen Jahren aus dem Schlick und Schlamm des Flusses gezogen wurde: Die **„Löwin von Cramond"** ist ein römisches Relief mit der Darstellung einer Löwin und eines Mannes. Das Fundstück befindet sich im National Museum of Scotland in der Innenstadt von Edinburgh.

Cramond Marina hat eine leicht verschlafene, gemütliche Atmosphäre und strahlt wohl an jedem Tag der Woche eine sonntägliche Entspanntheit aus. Doch im 19. Jahrhundert war das ganz anders. Während der industriellen Revolution entstanden am Ufer des Flusses Almond zahllose Mühlen und Fabriken, die für die lokale Wirtschaft von großer Bedeutung waren. In der Nähe befanden sich auch Steinbrüche. Hunderte Arbeiter lebten unter erbärmlichen Bedingungen, die Umweltverschmutzung war beträchtlich. In Cramond lag ein Schwerpunkt der industriellen Revolution. Nach wenigen Gehminuten folgt bereits der erste Hinweis auf die ehemalige Getreidemühle **7 Cockle Mill.** Wir lauschen dem Plätschern des Flusses – vor rund 200 Jahren

Am Strand von Cramond

Cramond Marina

war hier ein industrielles Zentrum, in dem Arbeiter hin- und herhasteten und laute Rufe durch dicke Rauchschwaden hallten. Ab dem Jahr 1884 wurde nicht einmal mehr geangelt, weil der Fluss zu schmutzig war. Glücklicherweise ist diese Zeit längst vorbei. Die alten Laubbäume am Ufer wiegen sich sacht im Wind, der von der Förde herüberweht. Regungslos steht ein Reiher im Wasser. Wir haben wahrlich das Gefühl, durch ein Naturschutzgebiet zu laufen.

Es folgen die Ruinen weiterer verlassener Mühlen und die malerischste ist die 8 **Fair a Far Mill** aus dem 18. Jahrhundert. Sie steht bei einem gewaltigen Wehr, das ebenfalls aus dem 18. Jahrhundert stammt. Wir treten an das Geländer, das die einstige Mühle vom Fluss trennt, und hören, wie das Wasser flussabwärts donnert und alle anderen Geräusche übertönt. Einst wurde hier Getreide gemahlen, dann wurde die Wasserkraft für die Textilproduktion genutzt: Wir stellen uns vor, wie die Arbeiterinnen durch gleichmäßiges Schlagen die Stoffe geschmeidiger machten. Diese Tätigkeit wird im schottischen Dialekt *waulk* genannt. Sie hat eine besondere Form der Folklore hervorgebracht, die sogenannten Waulking Songs. Das waren Lieder, die die Frauen sangen, um sich die schwere Arbeit zu erleichtern und um

Schottische Bluebells

einen Rhythmus für das Walken zu finden. Kurz darauf erreichen wir eine **Holztreppe.** Um das Gefälle im Flusstal auszugleichen, wurde sie installiert. Die Treppe trägt den Namen Salvesen Steps, nach einem Bewohner von Cramond. Kapitän Harold Keith Salvesen kam aus einer Familie von Walfängern und der Salvesen-Familie gehörte bis Mitte des 20. Jahrhunderts die wohl größte Walfangflotte der Welt.

Nach wenigen Minuten taucht auf der linken Seite ein niedliches Cottage auf, **Dowie's Mill House** aus dem 17. Jahrhundert. Hier lebte einst der Verwalter der Mühle. Zwischenzeitlich befand sich dort auch ein kleiner Laden, der die Bevölkerung mit den Bedarfsgegenständen des täglichen Lebens versorgte. Der Fluss formt kleine Buchten aus weißen Kieselsteinen. Dieser schöne Ort ist eine offizielle Stätte für Begräbniszeremonien der Hindus und der Sikh, die in Edinburgh leben. Der Weg führt nun an malerischen Cottages vorbei, die sich in unmittelbarer Nähe des Ufers aneinanderkuscheln. Kleine Stromschnellen hüpfen über die Steine und verwirbeln das Wasser. Wir gehen an den efeuumrankten Hauseingängen vorbei. Auf der gegenüberliegenden Straßenseite wiehern Ponys auf der Weide.

Stromaufwärts führt 9 **Auld Cramond Brig** über den Almond, der auf dieser Höhe eine veritable Breite angenommen hat. Die Bäume am Uferstreifen lassen ihre Zweige ins Wasser hängen. Eine Entenfamilie zieht ihre Bahnen und hinterlässt auf der dunkelgrünen Oberfläche eine helle Spur. Schon seit dem Mittelalter befand sich hier eine Brücke, über die der Weg von Edinburgh in den nahe gelegenen Fischerort South Queensferry führte. Als der Verkehr immer mehr zunahm, wurde die Holzkonstruktion ab dem späten 18. Jahrhundert durch eine Steinbrücke ersetzt. Der Bauingenieur war John Rennie (1761–1821), der zahlreiche Kanäle und Brücken in Großbritannien errichtet hat. Diese Brücke wurde später abgerissen. Die heutige Konstruktion stammt aus den 1960er-Jahren.

Jenseits der Auld Cramond Brig befindet sich der Parkplatz des Steakhouse **Miller & Carter.** Bei der Einfahrt ist auch eine Bushaltestelle der Buslinie 43. Damit kommen wir wieder in die Innenstadt. Alternativ geht man den Weg nach Cramond zurück oder folgt dem Verlauf eines Weges, der auf das Gelände von Dalmeny Estate führt. Wer möchte, kann von hier aus direkt den Spaziergang nach South Queensferry anhängen.

Fair a Far Mill

12

Start: Bushaltestelle Cramond Brig, Queensferry Road, Edinburgh EH4 6DX
Ziel: Hawes Pier, South Queensferry EH30 9TB
Länge: ca. 11 Kilometer
Dauer: ca. 3 Stunden
ÖPNV: Haltestelle Cramond Brig; am Ziel: Bahnhof Dalmeny
Parken: eingeschränkte Parkmöglichkeiten unterhalb der Forth Bridge, South Queensferry EH30 9TD

UNTERWEGS ENTDECKT

1. Dalmeny Estate
2. National Cycle Route 76
3. John Muir Way
4. Eagle Rock
5. Dalmeny House
6. Barnbougle Castle
7. Forth Bridge (Eisenbahnbrücke)

ESSEN + TRINKEN

Miller & Carter, Queensferry Road, Edinburgh EH4 6DY,
Tel. +44 (1 31) 3 39 43 50, www.millerandcarter.co.uk
(Steakhouse in schönem Ambiente)
The Hawes Inn, 7 Newhalls Road, South Queensferry EH30 9TA,
Tel. +44 (1 31) 3 31 19 90, www.vintageinn.co.uk
(uriger Traditionspub direkt am Wasser gelegen)

SOUTH QUEENSFERRY

Ausflug zum Wasser

Besucher denken nicht gerade ans Meer, wenn sie in die schottische Hauptstadt kommen. Edinburgh, das ist Städteurlaub vom Feinsten, mit schönen Museen und Galerien, zahlreichen Kulturfestivals und einer Burg, die zu den meistbesuchten Attraktionen in Großbritannien zählt. Beim Bummel durch die Cafés und Geschäfte im Stadtzentrum vergisst man leicht, dass Edinburgh ein schönes Umland hat, welches sich ohne großen Aufwand erkunden lässt. Ein Highlight ist eine Tour in Richtung South Queensferry, vorbei an edlen Herrenhäusern, Burgen und einsamen Stränden.

Wir steigen an der Haltestelle Cramond Brig aus dem Bus und sehen direkt vor uns die Ländereien des **Earl of Rosebery:** Es geht durch eine Holzpforte, dahinter dehnen sich die Felder bis zum Horizont. Die Baumwipfel dunkler Waldgebiete rauschen geheimnisvoll und auf dem Meeresarm Firth of Forth sehen wir in der Ferne ein weißes Kreuzfahrtschiff, das uns träumen lässt. Im Herbst wiegt sich auf den umliegenden Feldern das Korn und die roten Köpfe der Ha-

Dalmeny Estate

gebutten lugen durch das Dickicht. Wir spazieren in nördliche Richtung und folgen einem Schild mit dem Hinweis **„East Craigie Gate".** Der Wegabzweig nach links führt auf das Gelände einer Farm, der Weg nach rechts hingegen bringt uns zum 1 **Dalmeny Estate,** dem Besitz des Earl of Rosebery.

Das Anwesen hat die Form eines länglichen Rechtecks und in den kommenden 2 Stunden werden wir an den dem Meer zugewandten Außenkanten entlangwandern, bis wir die Hafenpromenade von South Queensferry erreichen. Der Uferstreifen von Dalmeny Estate ist als Firth of Forth Special Protection Area für Vögel ausgewiesen. Daher wei-

DER SCOTTISH OUTDOOR ACCESS CODE

Mit dem sogenannten Outdoor Access Code ist Schottland einzigartig auf den britischen Inseln. Wanderer und Wildcamper dürfen, von wenigen Ausnahmen abgesehen, privates und öffentliches Land für Erholungszwecke nutzen. Wildcampen heißt, dass man mit leichtem Gepäck in einer kleinen Gruppe für 2 oder 3 Nächte bleibt und dann wieder abrückt. Im Gegenzug wird Rücksichtnahme erwartet, beispielsweise indem man seinen Hund an die Leine nimmt, wenn man darum gebeten wird. Weitere Infos unter www.outdooraccess-scotland.com.

sen Hinweisschilder darauf hin, von April bis Ende Juli besondere Rücksicht walten zu lassen, um am Boden brütende Vögel nicht zu stören. Im Frühjahr kommen auf dem Anwesen außerdem rund 2000 Lämmer zur Welt. Hundehalter werden daher gebeten, ihre Hunde in diesem Zeitraum an der Leine zu halten.

Schotter und asphaltierte Abschnitte wechseln sich ab. Der Weg ist ohne nennenswerte Steigungen oder abfallende Streckenabschnitte sind gut zu bewältigen, sodass wir zügig vorankommen. Dann und wann saust ein Radfahrer vorbei. Spaziergänger und Wanderer teilen sich den Weg mit Fahrradfahrern, denn die Strecke gehört zur beliebten Fahrradwanderstrecke 2 **National Cycle Route 76,** die sich über mehrere Hundert Kilometer von Berwick-upon-

Tweed im englischen Northumberland bis ins schottische Stirling mit dem Endziel Kirkcaldy erstreckt. Holzpfosten mit der Nummer 76 weisen den Radfahrern den Weg und auch wir folgen zunächst dem Verlauf dieser Strecke.

Nach rund 10 Minuten erreichen wir ein kleines Gehöft auf der rechten Seite des Weges. Kurz darauf gabelt sich der Weg. An der Weggabelung findet sich das Hinweisschild „East Cragie Farm". Wir folgen dem Verlauf der Straße, die nun eine leichte Linkskurve vollzieht. Am nächsten Hinweisschild spazieren wir in Richtung **Coble Cottage.** In einiger Entfernung ist zwischen großen, alten Bäumen deutlich das Blau der Förde zu sehen. Hoch oben ziehen weiße Wolken vorbei und auf dem Wasser ziehen Schiffe ihre Bahnen. Nach weiteren wenigen Minuten taucht auf der linken Seite eine Brachfläche mit einem alten Silo auf. Das ist die Stelle, an der sich der Weg zweiteilt. Radfahrer sind gehalten, die ausgeschilderte Abzweigung zu nehmen, um der Route 76 zu folgen.

Am Wegesrand gibt es Hinweise auf den 3 **John Muir Way.** Es handelt sich um einen rund 215 Kilometer langen Fernwanderweg, der in ostwestlicher Richtung durch das Landesinnere von Küste zu Küste verläuft. John Muir (1838–1914) wurde in der schottischen Hafenstadt Dunbar östlich von Edinburgh geboren. Er wanderte in die USA aus und machte sich dort als einer der ersten Umweltschützer

Golfplatz Dalmeny House

Eagle Rock

einen Namen. Muir gilt unter anderem als Gründer der US-amerikanischen Nationalparks, allen voran des Yosemite-Nationalparks. Ihm zu Ehren wurde dieser Fernwanderweg eingerichtet, der auf der Höhe von Edinburgh von Ost nach West verläuft.

Wer nun nicht links abbiegt, sondern sich einen kleinen Abstecher gönnt und geradeaus weitergeht, der kommt zunächst durch ein kleines Wäldchen und steht nach rund 5 Minuten direkt am Fördeufer. In östlicher Richtung sind der Segelhafen von Cramond sowie die Mündung des River Almond zu sehen. In der Ferne schimmern die Hochhäuser von Leith, dem Hafen von Edinburgh, in der Sonne. Königinnen, Händler und Walfänger gingen dort an Land. Tausende Auswanderer saßen auf gepackten Koffern am Pier. Sie erhofften sich von ihrer langen Reise über den Atlantik ein besseres Leben in Amerika. Am Wasser entlang führt ein Pfad zum sogenannten 4 **Eagle Rock.** Der Name stammt von der Darstellung eines römischen Adlers, der hier vor rund 2000 Jahren zu Zeiten der alten Römer in den Stein gemeißelt wurde. Wir haben uns sagen lassen, dass die Steinschnitzerei sehr verwittert ist, und auch uns gelingt es nicht, sie zu entdecken. Wir bleiben einen Moment stehen und schauen über das Wasser: Die Förde ist eine viel befahrene Wasserstraße und am anderen Ufer ist ein blauer Streifen Land zu sehen. Das ist die Grafschaft Fife.

12 SOUTH QUEENSFERRY

Ausflugsboote, Kreuzfahrtschiffe, Tanker und Segelboote sind auf der Förde unterwegs. Der Wind hat aufgefrischt und rauscht in den Blättern hinter uns. Möwen lassen sich ins Wasser fallen wie Steine. Es gibt immer etwas zu gucken. Vom Ufer aus wirkt die Mündung wie ein gemütlich vorbeifließender Strom. Doch wer hier unterwegs ist, sollte keine Angst vor hohen Wellen haben. Die gefährlichen Felsen, die oft unsichtbar direkt unter der Wasseroberfläche liegen, wurden schon manchem Schiff zum Verhängnis. Rund 500 Schiffswracks liegen auf dem Fördegrund. Auf der **Isle of May** in der Mündungseinfahrt wurde im 17. Jahrhundert einer der ersten Leuchttürme Schottlands gebaut. Wir halten nach Vögeln Ausschau. Der Firth of Forth ist die Heimat zahlloser Seevögel wie Raubmöwen, Sturmtaucher, Eiderenten, Kormoranen und verschiedener Watvögel. Der Tidenhub an der Förde ist für Vogelkundler wie gemacht. Nach diesem Abstecher kehren wir auf die asphaltierte Fahrbahn der Radstrecke 76 zurück.

Nach der Brücke über den Cockle Burn tauchen schließlich die Parkanlagen sowie der Golfplatz von 5 **Dalmeny**

Dalmeny House

Einsame Strände

House auf. Das Herrenhaus wurde vom Architekten William Wilkens entworfen und stammt aus dem Jahr 1817. Es war das erste Haus in Schottland im Tudor-Revival-Baustil. Im Ersten und Zweiten Weltkrieg war Dalmeny House ein Hilfskrankenhaus. Das eindrucksvolle Herrenhaus liegt in einem Park mit gepflegten Wegen und Rasenflächen. Durch das Grün alter Bäume ist in einiger Entfernung die Förde zu erahnen. Das Gelände ist für Wanderer zugänglich. Obwohl es sich um ein privates Anwesen handelt, können wir keine Absperrung oder keinen Zaun entdecken. Wir gehen über die gepflegten Wege und genießen den unverstellten Blick auf den Park.

Es geht weiter am Wasser entlang und nach wenigen Minuten dringen auf einmal Dudelsackklänge aus der Entfernung zu uns herüber. Wir lauschen erneut, doch wir täuschen uns nicht und kurze Zeit später wissen wir auch, was es damit auf sich hat. Wir haben 6 **Barnbougle Castle** erreicht. Es gibt am Fördeufer zahlreiche Burgen und Schlösser. Da ist die Festung Blackness Castle, die vom Wasser aus betrachtet aussieht wie ein Schiff. Blackness ist für Be-

12 SOUTH QUEENSFERRY

South Queensferry

sucher geöffnet. Die Burg ist zum beliebten Ausflugsziel geworden, denn sie wurde als Drehort für die TV-Serie „Outlander“ genutzt, die ein internationaler Erfolg war. Ebenfalls an der Förde liegt das Herrenhaus Hopetoun House. Es versteckt sich zwischen den Bäumen. Hier finden gelegentlich Ausstellungen und Familiennachmittage statt.

Über Geister und Gespenster in schottischen Schlössern und Burgen wird immer wieder berichtet und auch Barnbougle Castle kann mit einem Schlossgespenst aufwarten, das sich am Fördeufer zeigt. Originellerweise handelt es sich nicht um die Grüne Dame, die sonst gerne in schottischen Schlössern herumgeistert, und auch nicht um einen Ritter mit dem Kopf unter dem Arm. Nein, Barnbougle Castle hat einen Spukhund. Der Hund verlor sein Herrchen in einem der vielen mittelalterlichen Kriege, die um Edinburgh tobten. Noch immer soll der Geisterhund am Strand mit der Nase auf dem Boden nach seinem Herrchen suchen. Angeblich war der Hundespuk von Barnbougle Castle die Inspiration für die berühmte Gruselerzählung „Der Hund von Baskerville“ aus der Feder von Sir Arthur Conan Doyle (Autor von „Sherlock Holmes“).

Als wir an dem Schloss vorbeigehen, findet dort gerade eine Hochzeit statt. Braut und Bräutigam stehen am Eingang und begrüßen die Gäste. Der *piper* bläst ein Willkommen und ein Fotograf ist eifrig damit beschäftigt, alles mit der Kamera einzufangen und keinen Moment zu verpassen. In dem Abschnitt des Weges, der hinter uns liegt, sind uns bis auf wenige Fahrradfahrer kaum Menschen begegnet. Doch in dem nun folgenden Abschnitt kommen uns Familien mit Kindern und Spaziergänger entgegen. Wir nähern uns dem Ende unserer Wanderung und erreichen den Anleger bei **South Queensferry.** Nun erfahren wir auch, warum so viele Menschen unterwegs sind: Die Promenade von South Queensferry ist ein beliebtes Ausflugsziel und

Forth Bridge

ein wahrer Verkehrsumschlagplatz. Busse halten und lassen ihre Passagiere aussteigen. Am Pier machen Ausflugsboote die Leinen los, um mit ihren Fahrgästen aufs Wasser hinauszufahren. Und hinter einem Mäuerchen haben junge Familien vor dem Wind Schutz gesucht und genießen ein Picknick, während die Jüngsten mit bunten Schaufeln im Sand buddeln.

Der Ort South Queensferry leitet seinen Namen von der schottischen Königin Margaret ab. Die Fährverbindung war zu Zeiten des Mittelalters die einzige Möglichkeit, über die Förde zu gelangen (*ferry* = Fähre). Bei vielen Reisenden handelte es sich um Händler und Pilger. Letztere nutzen alte Pilgerpfade durch die Grafschaft Fife, um nach St Andrews zu gelangen. Die Stadt an der Ostküste war zeitweilig das wichtigste religiöse Zentrum Schottlands. Über unseren Köpfen hören wir das Rumpeln der Eisenbahn, die über die Förde fährt. Sie verbindet die Lowlands verkehrstechnisch mit den Highlands. Selbst beim Landeanflug auf die schottische Hauptstadt sind die rostroten Stahlträger mit der ungewöhnlichen wabenartigen Struktur der 7 **Forth Bridge** mitunter zu sehen. Die Bauarbeiten allerdings standen unter keinem guten Stern. Sie begannen im Jahr 1883 unter dem Eindruck eines schweren Zugunglücks am River Tay im Jahr 1879, als die Tay-Eisenbahnbrücke unter einem voll besetzten Zug einstürzte und viele Menschen starben. Die Forth Bridge sollte also vor allem das Vertrauen der Fahrgäste in die Sicherheit der Bahn wiedergewinnen. Daher ist sie besonders stabil konstruiert. Allerdings wurden die Sicherheitsvorkehrungen für die Arbeiter schwer vernachlässigt. Bei den Bauarbeiten starben mehr als 50 Menschen und unzählige Arbeiter wurden verletzt.

Die **Fördebrücken** sind zum Wahrzeichen von Edinburgh geworden: Vor einiger Zeit wurde die Autobrücke Queensferry Crossing eingeweiht; ausgelegt für 24 Millionen Fahrzeuge im Jahr. Sie war bei der Einweihung mit 207 Metern die höchste Brücke in Großbritannien. Zigtausende Menschen nutzen sie jeden Tag, um von ihren Wohnorten in der Grafschaft Fife zu ihrem Arbeitsplatz in Edinburgh zu kommen. Die Forth Road Bridge ist dem Busverkehr vorbehalten. Wir gehen an den massiven Brückenträgern vorbei, um noch einen Blick auf den Traditionspub **The Hawes Inn** zu werfen. Er ist eng mit dem berühmten Schriftsteller Robert Louis Stevenson verbunden, der am 13. November 1850 in Edinburgh geboren wurde. Es heißt, dass Stevenson in dem Gasthaus übernachtete und in einem der Zimmer einen Teil seines Romans „Entführt" schrieb. Tatsächlich enthält „Kidnapped" eine Passage über den Traditionspub.

Am Fuße der gewaltigen Brückenpfeiler der Forth Bridge führt ein Weg über eine Treppe zur Dalmeny Station hinauf. Der Weg liegt etwas versteckt, ist aber gut ausgeschildert. Mit dem Zug geht es zurück in die Innenstadt von Edinburgh.

The Hawes Inn

Bibliografische Information der Deutschen Nationalbibliothek
Die Deutsche Nationalbibliothek verzeichnet diese Publikation in der Deutschen Nationalbibliografie; detaillierte bibliografische Daten sindim Internet über http://dnb.d-nb.de abrufbar.

Konzeption/Gestaltung/Satz: Droste Verlag, Düsseldorf
Einbandgestaltung und Illustrationen: Britta Rungwerth, Düsseldorf
Fotos: Nicola de Paoli, außer: Kathi Kamleitner: S. 78, S. 110, S. 150; stock.adobe.com: S. 4/5 (Dawid), S. 9 (TTstudio), S. 10 (David Woolfenden), S. 12 o. (Thomas Jablonski), S. 12 u. (imagesef), S. 14 u. (nyiragongo), S. 23 (AndreasJ), S. 28 o., S. 130 (Asvolas), S. 40 (Infotrontof), S. 41 (Brian Scantlebury), S. 42, S. 58 (Alan Davidson), S. 43 o., S. 44, S. 65 (clivewa), S. 45 (Jean-Marie MAILLET), S. 52 u., S. 85, S. 121 (Fotokon), S. 56 (Chris Metcalfe/Wirestock Creators), S. 57, S. 84 (Artur Bogacki), S. 80 (alister), S. 82 o. (alephnull), S. 83 (Bostock), S. 96 u. (MAKSYM), S. 97 (pixs:sell), S. 107 (irottlaender), S. 109 (JulietPhotography), S. 111 (Felix Mizioznikov), S. 119 o. (Make Me Feel/Wirestock), S. 120 (fotografci), S. 135 (Spiroview Inc.), S. 138 (Alla), S. 140 (Michalis Palis), S. 141 (Claudio Divizia), S. 143 (Karol Kozłowski), S. 164 (elxeneize); Wikimedia Commons, CC BY-SA 4.0 DEED: S. 6 (FrDr, https://commons.wikimedia.org/wiki/File:Edinburgh_(Dùn_Èideann)_128.jpg), S. 96 o. (Jamesx12345, https://commons.wikimedia.org/wiki/File:Blackford_Pond_02.JPG), S. 104 (JoeDerrySetch, https://commons.wikimedia.org/wiki/File:Dovecot_Studios_Interior_5_2023.jpg), S. 106 (Enchufla Con Clave, https://commons.wikimedia.org/wiki/File:Castlehill_School_(Now_The_Scotch_Whisky_Experience),_354_Castlehill,_The_Royal_Mile,_Edinburgh_(2).jpg), S. 112 (Yair Haklai, https://commons.wikimedia.org/wiki/File:Scottish_National_Portrait_Gallery-.jpg), S. 116 (LornaMCampbell, https://commons.wikimedia.org/wiki/File:Deacon_Brodie's_Tavern,_Lawnmarket,_Edinburgh,_1.jpg), S. 123 (LornaMCampbell, https://commons.wikimedia.org/wiki/File:Medical_School,_Teviot_Place,_University_of_Edinburgh,_exterior_2.jpg), S. 126 (Dogwoodfire, https://commons.wikimedia.org/wiki/File:Edinburgh,_1_Summerhall_Square_-_20170917154619.jpg), S. 136 (SylviaStanley, https://commons.wikimedia.org/wiki/File:George_Street_54,_Assembly_Rooms,_Edinburgh.jpg); Wikimedia Commons, CC BY-SA 3.0 DEED: S. 55 (Lokal_Profil, https://commons.wikimedia.org/wiki/File:The_Grange,_Edinburgh_(cricket_and_sports_club),_2.jpg), S. 89 (Ham, https://commons.wikimedia.org/wiki/File:The_Usher_Hall,_Edinburgh.JPG), S. 108 (Klaus with K, https://commons.wikimedia.org/wiki/File:National_Gallery_of_Scotland_2005-08-07.jpg); Wikimedia Commons, CC BY-SA 2.0 DEED: S. 67 (Colinton Viaduct by Richard Webb, https://commons.wikimedia.org/wiki/File:Colinton_Viaduct_-_geograph.org.uk_-_5545075.jpg), S. 161 (Eagle Rock by Alan Slater, https://commons.wikimedia.org/wiki/File:Eagle_Rock_-_geograph.org.uk_-_3280498.jpg); Wikimedia Commons, CC BY 2.0 DEED: S. 87 (Mike McBey, https://commons.wikimedia.org/wiki/File:Honoring_a_bear_(49957919537).jpg), S. 162 (Gary Campbell-Hall from Edinburgh, UK, https://commons.wikimedia.org/wiki/File:Dalmeny_House,_Edinburgh_(51226692331).jpg)

Textlektorat: Ute König, Kitzingen
Karten: Thorsten David, Bochum
Druck und Bindung: LUC GmbH, Greven
ISBN 978-3-7700-2508-4
www.droste-verlag.de

MIX
Papier | Fördert gute Waldnutzung
FSC® C011279
www.fsc.org